Contabilidade de instituições financeiras: normas e práticas

SÉRIE GESTÃO FINANCEIRA

DIALÓGICA

O selo DIALÓGICA da Editora InterSaberes faz referência às publicações que privilegiam uma linguagem na qual o autor dialoga com o leitor por meio de recursos textuais e visuais, o que torna o conteúdo muito mais dinâmico. São livros que criam um ambiente de interação com o leitor – seu universo cultural, social e de elaboração de conhecimentos –, possibilitando um real processo de interlocução para que a comunicação se efetive.

José Luis Modena

Contabilidade de instituições financeiras
normas e práticas

EDITORA intersaberes

Rua Clara Vendramin, 58 . Mossunguê
CEP 81200-170 . Curitiba . PR . Brasil
Fone: (41) 2106-4170
www.intersaberes.com
editora@editoraintersaberes.com.br

Conselho editorial	Dr. Ivo José Both (presidente)
	Dr.ª Elena Godoy
	Dr. Neri dos Santos
	Dr. Ulf Gregor Baranow
Editora-chefe	Lindsay Azambuja
Gerente editorial	Ariadne Nunes Wenger
Assistente editorial	Daniela Viroli Pereira Pinto
Preparação de originais	Rodapé Revisões
Edição de texto	Mycaelle Albuquerque Sales
	Mille Foglie Soluções Editoriais
	Caroline Rabelo Gomes
Capa	Sílvio Gabriel Spannenberg (*design*)
	SNEHIT PHOTO/Shutterstock (imagem)
Projeto gráfico	Raphael Bernadelli
Diagramação	Maiane Gabriele de Araujo
Equipe de *design*	Débora Gipiela
	Sílvio Gabriel Spannenberg
Iconografia	Maria Elisa Sonda
	Regina Claudia Cruz Prestes

Dados Internacionais de Catalogação na Publicação (CIP)
(Câmara Brasileira do Livro, SP, Brasil)

Modena, José Luis
    Contabilidade de instituições financeiras: normas e práticas/ José Luis Modena. Curitiba: InterSaberes, 2020.
(Série Gestão Financeira)

    Bibliografia.
    ISBN 978-65-5517-709-1

    1. Contabilidade 2. Instituições financeiras I. Título II. Série.

20-39642   CDD-657

Índices para catálogo sistemático:
1. Contabilidade 657
Maria Alice Ferreira - Bibliotecária - CRB-8/7964

1ª edição, 2020.
Foi feito o depósito legal.

Informamos que é de inteira responsabilidade do autor a emissão de conceitos.

Nenhuma parte desta publicação poderá ser reproduzida por qualquer meio ou forma sem a prévia autorização da Editora InterSaberes.

A violação dos direitos autorais é crime estabelecido na Lei n. 9.610/1998 e punido pelo art. 184 do Código Penal.

EDITORA AFILIADA

Sumário

Agradecimentos • 9
Apresentação • 11
Como aproveitar ao máximo este livro • 13

I

Sistema Financeiro Nacional e sua estrutura • 19

    1.1 Estrutura do SFN • 21
    1.2 Juros e *spread* bancário • 36
    1.3 Produtos financeiros • 39
    1.4 Riscos das instituições financeiras • 42
    1.5 Estrutura e funcionamento do Cosif • 48

2

Arrendamento mercantil (*leasing*) • 61

2.1 Arrendamento mercantil na visão do arrendador • 64
2.2 Arrendamento mercantil na visão da arrendatária • 86

3

Operações de crédito e câmbio • 97

3.1 Operações de crédito • 100
3.2 Risco de crédito • 106
3.3 Operações de captação de recursos • 117
3.4 Operações de câmbio • 124

4

Títulos e valores mobiliários e aplicações interfinanceiras • 135

4.1 Conceito e finalidade dos TVM • 138
4.2 Classificação dos TVM • 140
4.3 Classificação contábil e mensuração dos TVM • 144
4.4 Contabilização dos TVM • 150
4.5 Aplicações interfinanceiras de liquidez • 155

5

Operações de *hedge* • 165

5.1 Conceitos e finalidades do uso de derivativos • 168
5.2 *Hedge* nos contratos de derivativos • 171
5.3 Tipos de derivativos e respectivas operacionalizações • 172
5.4 Derivativos de crédito • 178
5.5 Contabilização de operações de derivativos • 181

6

Acordos de Basileia • 203

6.1 Acordos de Basileia: histórico e objetivos • 206
6.2 Princípios inscritos pelo Acordo de Basileia II • 213
6.3 Acordo de Basileia III • 218
6.4 Acordos de Basileia no Brasil • 223
6.5 Metodologia de apuração do PR • 224

Estudo de caso • 237
Considerações finais • 239
Lista de siglas • 241
Referências • 245
Apêndice • 257
Respostas • 261
Sobre o autor • 269

Agradecimentos

Agradeço primeiramente a Deus pela inspiração e pela graça concedida ao longo de toda a vida.

Agradeço aos meus familiares, amigos e colegas de trabalho o apoio e a compreensão por minhas ausências quando da produção desta obra.

Aos professores Neide e Juliano, pela confiança na capacidade de desenvolver este trabalho, direciono meus sinceros agradecimentos.

Também sou grato à comunidade científica que, de alguma forma, cooperou com o embasamento teórico desta obra.

Apresentação

A contabilidade é uma ciência que coopera com o controle patrimonial de diversas atividades exercidas no ambiente econômico. Além de apurar os resultados financeiros, os procedimentos contábeis fornecem informações indispensáveis para a tomada de decisão em razão da potencialidade preditiva que oferecem. Essa realidade não poderia ser diferente quanto às instituições financeiras, que desempenham um papel fundamental no dinamismo da intermediação financeira.

Essas organizações, responsáveis pela custódia do dinheiro dos aplicadores e pelo empréstimo de recursos àqueles agentes deficitários, são periodicamente acompanhadas pelos órgãos reguladores do Sistema Financeiro Nacional (SFN) brasileiro. Esse controle visa garantir segurança e perenidade do sistema, bem como inibir eventuais colapsos financeiros, como a crise do *subprime* de 2008, que afetou diretamente os bancos norte-americanos.

Diante dessa realidade, a contabilidade vem aplicando procedimentos direcionados especificamente para instituições financeiras. Não se trata de uma nova contabilidade, mas de um aperfeiçoamento dos procedimentos de escrituração destinados a atender às peculiaridades das organizações que operam nesse segmento econômico.

Para possibilitar a compreensão dessas especificidades da contabilidade aplicada às instituições financeiras, no Capítulo 1, faremos uma breve introdução ao Sistema Financeiro Nacional brasileiro, na qual abordaremos aspectos atinentes a sua estrutura, bem como questões macroeconômicas que influenciam o dinamismo desse sistema, tais como a taxa de juros e os riscos.

Em seguida, do Capítulo 2 ao Capítulo 5, trataremos de escriturações contábeis, comuns nas instituições financeiras; para isso, apresentaremos conceitos e aplicações práticas. Sucessivamente, falaremos sobre: arrendamento mercantil; operações de crédito e câmbio; títulos e valores mobiliários e aplicações financeiras; e operações de *hedge*.

Por fim, no Capítulo 6, debateremos sobre o Acordo da Basileia e as implicações dele para o Sistema Financeiro Nacional. Além disso, descreveremos a metodologia de cálculo utilizada para apurar o nível adequado de capital regulamentar.

Esperamos que esses conteúdos atendam a seus anseios, caro leitor.

Como aproveitar ao máximo este livro

Empregamos nesta obra recursos que visam enriquecer seu aprendizado, facilitar a compreensão dos conteúdos e tornar a leitura mais dinâmica. Conheça a seguir cada uma dessas ferramentas e saiba como elas estão distribuídas no decorrer deste livro para bem aproveitá-las.

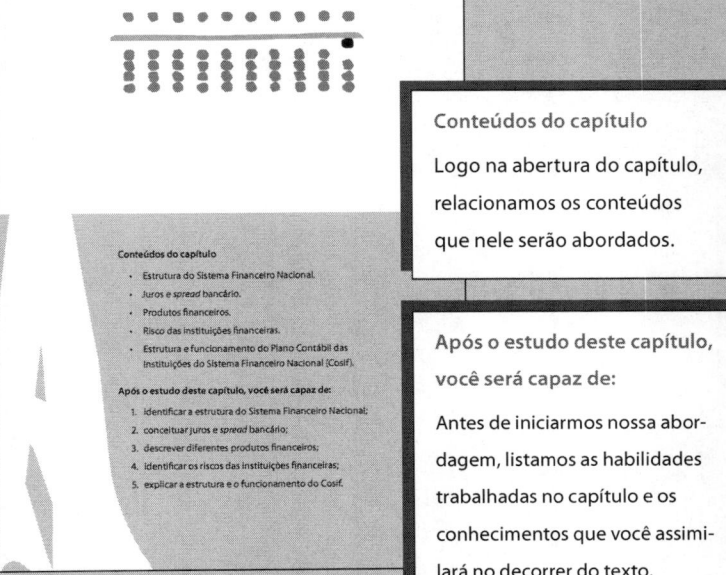

Conteúdos do capítulo

Logo na abertura do capítulo, relacionamos os conteúdos que nele serão abordados.

Após o estudo deste capítulo, você será capaz de:

Antes de iniciarmos nossa abordagem, listamos as habilidades trabalhadas no capítulo e os conhecimentos que você assimilará no decorrer do texto.

> Swaps de taxa de retorno total – Nesta troca, uma das partes, que geralmente é o detentor de índice de negociação de crédito para um instrumento, paga todos os rendimentos. Nesse caso, o segundo efetua uma taxa de recebimento.

Para saber mais

Livro

Conheça mais sobre o Acordo de Bretton Woods nesse livro de Cozendey. O autor aborda elementos históricos que permitem ao leitor compreender a importância desse acordo na economia mundial.

COZENDEY, C. M. B. **Instituições de Bretton Woods:** desenvolvimento e implicações para o Brasil. Brasília: Funag, 2013. Disponível em: <http://funag.gov.br/loja/download/1079-instituicoes-de-bretton-woods.pdf>. Acesso em: 13 ago. 2020.

Site

Aprofunde o entendimento sobre a contabilização dos instrumentos financeiros de derivativos com a leitura da Circular BCB n. 3.082/2002. Nesse dispositivo normativo, o BCB estabelece diretrizes obrigatórias para reconhecimento e mensuração dos derivativos.

BCB – Banco Central do Brasil. Circular n. 3.082, de 30 de janeiro de 2002. Disponível em: <https://www.bcb.gov.br/pre/normativos/busca/downloadNormativo.asp?arquivo=/Lists/Normativos/Attachments/46969/Circ_3082_v4_P.pdf>. Acesso em: 13 ago. 2020.

Para saber mais

Sugerimos a leitura de diferentes conteúdos digitais e impressos para que você aprofunde sua aprendizagem e siga buscando conhecimento.

1.4 Riscos das instituições financeiras

Importante!

Risco é o efeito da incerteza nos objetivos. Um efeito é um desvio em relação ao esperado. Os **objetivos**, por sua vez, podem ter diferentes aspectos (tais como metas financeiras, metas de saúde e segurança e metas ambientais) e podem aplicar-se em diferentes níveis (tais como o estratégico, o de toda a organização, o de projeto, o de produto e o de processo) (ABNT, 2009).

Importante!

Algumas das informações centrais para a compreensão da obra aparecem nesta seção. Aproveite para refletir sobre os conteúdos apresentados.

Preste atenção!

Quanto maior for o VRG, menor será a receita para a instituição financeira. As contraprestações (valor sem o VRG) são contabilizadas como Receitas, influenciando a base de cálculo para o IR e o CSLL. Portanto, se for mantida a mesma taxa de juros, será preferível para o banco contratar a operação que apresente o maior VRG.

Preste atenção!
Apresentamos informações complementares a respeito do assunto que está sendo tratado.

Exercício resolvido

1. **O Banco ABC, em junho de 2018, apresentou a seguinte carteira de títulos e valores mobiliários:**

   Tabela 4.8 – Descrição dos valores investidos em TVM

Título	Classificação	Valor total	Valor de mercado
Ações da Cia A	Para Negociação	200.000	230.000
Debêntures	Até o Vencimento	150.000	145.000
Tesouro Selic	Para Venda	300.000	320.000

   Com base nessas informações, determine o valor a ser lançado na conta de resultado e do patrimônio líquido do banco ABC.

   A variação mercadológica dos títulos classificados como Para Negociação impacta o resultado da organização. Portanto, deve-se fazer o lançamento de uma receita de R$ 30.000,00 com ajustes a valor de mercado. Variações mercadológicas ocorridas em títulos Mantidos até o Vencimento não são reconhecidas nos demonstrativos contábeis. Por sua vez, as oscilações dos TVM segmentados na conta Para Venda têm de ser lançadas no patrimônio líquido, acrescendo o saldo em R$ 20.000,00.

Exercícios resolvidos
Nesta seção, você acompanhará passo a passo a resolução de alguns problemas complexos que envolvem os assuntos trabalhados no capítulo.

Perguntas & respostas

Nesta seção, respondemos a dúvidas frequentes relacionadas aos conteúdos do capítulo.

Perguntas & respostas

1. O *leasing* financeiro é a modalidade de arrendamento mais utilizada no mercado brasileiro. Com base nos conceitos estabelecidos no CPC 06 (R2) (CPC, 2017), bem como nas resoluções emitidas pelo Banco Central, quais são as especificidades dessa modalidade de arrendamento?

   O contrato de *leasing* financeiro, em oposição ao operacional, transfere riscos e benefícios para o arrendatário. Além disso, as contraprestações pagas pela arrendatária devem ser suficientes para recuperar o custo do bem durante o período de vigência do contrato.

2. O arrendador, em consonância com a Portaria do Ministério da Fazenda n. 140/1984, deve depreciar os bens arrendados. No entanto, esse procedimento deve obedecer a algumas orientações, diferentes das contidas para as demais empresas. Quais são esses aspectos atinentes ao processo de depreciação do bem, realizado pela arrendadora?

   Para efeito de cálculo da depreciação, a arrendadora tem de reduzir o prazo de vida útil do bem em 30%. Vale lembrar que o prazo máximo a ser utilizado é a vida útil do bem a ser arrendado.

3. Uma das partes integrantes de um contrato de arrendamento mercantil é o valor residual garantido, que evidencia o valor a ser pago pela arrendatária, para exercer a opção de compra. Quais são, então, os impactos tributários, na visão do arrendador, gerados pela variabilidade dos percentuais do VRG?

   A variação do VRG determina o montante a ser contabilizado a título de contraprestação (receitas para o arrendador). Sendo assim, quanto maior for o VRG, menor será o valor contabilizado como receita, o que consequentemente reduzirá a base de cálculo para IR e CSLL.

Questões para revisão

Ao realizar estas atividades, você poderá rever os principais conceitos analisados. Ao final do livro, disponibilizamos as respostas às questões para a verificação de sua aprendizagem.

Questões para revisão

1. *TVM*, no mercado financeiro, é a expressão empregada para descrever as aplicações realizadas em títulos e valores mobiliários. No contexto bancário, esses aportes têm demonstrado relevância, com reflexos positivos nos resultados periódicos. Com base nesses argumentos, cite possíveis objetivos que motivem os bancos a destinarem recursos para aplicações em TVM.

2. (Esaf – 2002 – Bacen) Apresentamos abaixo assertivas relacionadas aos critérios para o registro contábil dos títulos e valores mobiliários adquiridos por instituições financeiras e demais instituições autorizadas a funcionar pelo Banco Central do Brasil, exceto cooperativas de crédito, agências de fomento e sociedades de crédito ao microempreendedor.

   Assinale a opção que contém a afirmativa **incorreta**:
   a) Devem ser classificados nas categorias: títulos para negociação, títulos disponíveis para venda, e títulos mantidos até o vencimento.
   b) Na categoria títulos para negociação, devem ser registrados aqueles adquiridos com o propósito de serem ativa e frequentemente negociados.
   c) A valorização ou a desvalorização decorrente do ajuste ao valor de mercado dos títulos classificados na categoria "títulos para negociação" deve ser efetuada em contrapartida à adequada conta de rendas/despesas a apropriar.

Questões para reflexão

Ao propor estas questões, pretendemos estimular sua reflexão crítica sobre temas que ampliam a discussão dos conteúdos tratados no capítulo, contemplando ideias e experiências que podem ser compartilhadas com seus pares.

Questão para reflexão

1. O Cosif é um conjunto de regras contábeis de observância obrigatória para organizações atuantes no SFN. Na definição dos seus princípios gerais, são mencionados os objetivos da existência desse plano de contas, padronizados para organizações financeiras. Que benefícios essa padronização tem a potencialidade de trazer para as instituições financeiras e para o BCB?

Síntese

Ao longo deste capítulo, abordamos temáticas relacionadas aos contratos com derivativos, que são formalizados em instituições financeiras. Para tanto, introduzimos esse conteúdo com elementos históricos e normativos, o que possibilitou a compreensão do que representa um derivativo, bem como da função deste no contexto do SFN. Além disso, explicamos o uso de contratos de derivativos para mitigação de riscos, inclusive na concessão de créditos bancários. Por último, de maneira exemplificativa, demonstramos a metodologia empregada para o adequado reconhecimento inicial desses instrumentos financeiros, assim como a atualização e a liquidação posterior deles.

Com essa exposição, você pôde perceber que, no ambiente econômico, há possibilidades de utilizar instrumentos financeiros que reduzam a exposição a riscos.

Síntese

Ao final de cada capítulo, relacionamos as principais informações nele abordadas a fim de que você avalie as conclusões a que chegou, confirmando-as ou redefinindo-as.

Estudo de caso

Nesta seção, relatamos situações reais ou fictícias que articulam a perspectiva teórica e o contexto prático da área de conhecimento ou do campo profissional em foco com o propósito de levá-lo a analisar tais problemáticas e a buscar soluções.

Em novembro de 2018, o diretor Alberto dos Santos foi convidado a assumir os negócios do Banco Sertãozinho. A instituição, atuante no interior de São Paulo, tem perdido clientes aplicadores, que receiam que a organização apresente descontinuidade operacional. Os resultados obtidos no último semestre, embora positivos, também foram considerados insuficientes em comparação com outras entidades financeiras do mesmo porte. Se isso não bastasse, uma prévia dos números contábeis e financeiros apresentada ao Sr. Alberto evidencia insuficiência de capital prudencial, conforme destacado a seguir:

1. Patrimônio de referência

Conta contábil	Apuração
Capital Social	(+) 9.000.000
Reserva de capital	(+) 1.000.000
Contas de Resultado Credoras	(+) 6.500.000
Contas de Resultado Devedoras	(−) 6.000.000
Ajuste positivo a valor de mercado dos derivativos utilizados para *hedge* de caixa	(−) 1.000.000
Resultado do Patrimônio de Referência	(=) 9.500.000

Sistema Financeiro Nacional e sua estrutura

1

Conteúdos do capítulo

- Estrutura do Sistema Financeiro Nacional.
- Juros e *spread* bancário.
- Produtos financeiros.
- Risco das instituições financeiras.
- Estrutura e funcionamento do Plano Contábil das Instituições do Sistema Financeiro Nacional (Cosif).

Após o estudo deste capítulo, você será capaz de:

1. identificar a estrutura do Sistema Financeiro Nacional;
2. conceituar juros e *spread* bancário;
3. descrever diferentes produtos financeiros;
4. identificar os riscos das instituições financeiras;
5. explicar a estrutura e o funcionamento do Cosif.

As transações realizadas no mercado bancário, como aplicações financeiras, empréstimos e financiamentos, são possíveis graças à organização do sistema financeiro. No contexto brasileiro, a reforma bancária promovida na década de 1960 introduziu uma divisão de atribuições normativas, de fiscalização e de atuação. Essas ações, que ainda passam por atualizações, têm o objetivo de promover o desenvolvimento nacional mediante uma interação segura entre poupadores e tomadores.

Dada essa relevância, neste capítulo, abordaremos aspectos atinentes à estrutura do Sistema Financeiro Nacional (SFN), elencando alguns produtos transacionados, *spread* bancário, riscos e as normas de escrituração contábil no meio bancário.

1.1 Estrutura do SFN

O SFN é representado por organizações públicas e privadas que promovem a interação entre agentes poupadores e tomadores.

Para tanto, consideram-se como poupadores os indivíduos que possuem finanças superavitárias e destinam seus recursos para organizações financeiras dispostas a pagar determinada rentabilidade. Por sua vez, os tomadores são aqueles que, em certas ocasiões, não possuem recursos para suprir as próprias necessidades financeiras, razão pela qual necessitam buscar alternativas no mercado.

Nesse contexto, as entidades públicas teriam o objetivo de normatizar e fiscalizar a ação de bancos, corretoras, financeiras e demais agentes que captam e emprestam os fluxos monetários. A pretensão dessa mediação é promover um ambiente seguro, que permita o desenvolvimento da economia nacional.

No que se refere à segurança, salienta-se que o SFN possibilita, por exemplo, que as organizações pulverizem os créditos emprestados[1], mitigando os riscos. Em outras palavras, trata-se de uma desconcentração dos empréstimos, que passam a ser destinados a diferentes clientes com intuito de reduzir as possibilidades de perdas. Imaginando uma situação hipotética em que os agentes poupadores e tomadores tenham realizado interações sem a existência de um mediador, certamente observaríamos uma elevação dos custos do crédito, já que o poupador não estaria munido dos artifícios disponíveis em grandes organizações financeiras. Atualmente, bancos atuantes no mercado financeiro, além de buscarem uma desconcentração dos recursos emprestados, dispõem de ferramentas e estudos de identificação de riscos. Com esses mecanismos de atuação, há uma redução no custo das transações entre os agentes, o que possibilita crédito mais barato para o consumo.

Na possibilidade de redução dos custos do crédito em uma economia, o SFN desempenha um papel fundamental no contexto nacional. Essa função é, até mesmo, mencionada na Constituição Federal de 1988, que, em seu art. 192, salienta que o SFN é estruturado de maneira a "promover o desenvolvimento equilibrado do País e a servir aos interesses da

---

1 Os créditos, à vista disso, são os direitos a receber de uma instituição financeira e constituem os ativos no balanço patrimonial.

coletividade" (Brasil, 1988). Esse propósito pode ser atingido quando o SFN promove medidas eficientes, com reflexos na redução dos custos de mediação financeira, que permitem custo baixo na realização de investimentos que estimulem a geração de emprego e renda.

Para que essas atribuições sejam plausíveis, o SFN deve dispor de uma regulamentação e uma fiscalização apropriada. No Brasil, de acordo com Niyama e Gomes (2012), essa composição apresentou adequabilidade às necessidades da sociedade a partir da década de 1960, com a inserção das seguintes leis no ordenamento jurídico nacional:

- Lei n. 4.357, de 16 de julho de 1964 (Brasil, 1964a), que possibilitou a criação de títulos públicos com correção monetária;
- Lei n. 4.380, de 21 de agosto de 1964 (Brasil, 1964b), que criou o Banco Nacional da Habitação (BNH) e os instrumentos de captação de recursos para moradia e infraestrutura;
- Lei n. 4.595, de 31 de dezembro de 1964 (Brasil, 1964c) – conhecida como *Lei da Reforma do Sistema Financeiro Nacional* –, que se tornou um marco ao criar o Conselho Monetário Nacional e o Banco Central;
- Lei n. 4.728, de 14 de julho de 1965 (Brasil, 1965) – designada *Lei do Mercado de Capitais* –, que criou mecanismos de regulação que possibilitassem angariar recursos por meio do mercado de capitais;
- Lei n. 6.385, de 7 de dezembro de 1976 (Brasil, 1976), que criou a Comissão de Valores Mobiliários (CVM), tendo segregado funções no sistema financeiro.

Essas disposições legais revolucionaram o SFN, tendo criado organizações normativas e de fiscalização para garantir segurança entre os agentes envolvidos nas transações financeiras. Se hoje um cidadão brasileiro pode depositar suas economias em um banco, com certa segurança de que terá a disponibilidade do recurso financeiro, é porque existe confiança nesse sistema. Esse ambiente harmonioso é um dos requisitos para que o SFN cumpra sua missão no contexto do desenvolvimento econômico do país.

De forma ilustrativa, apresentamos a estrutura do SFN brasileiro na Figura 1.1.

Figura 1.1 – Estrutura do Sistema Financeiro Nacional

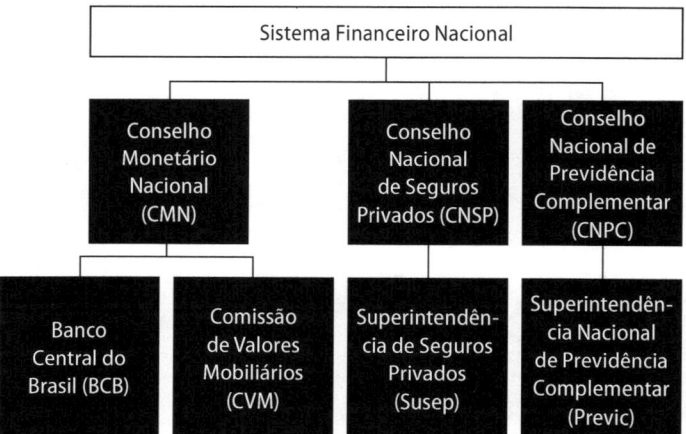

Detalharemos essa estrutura nas próximas seções deste capítulo, nas quais detalharemos algumas atribuições legais de cada organização que compõe o SFN.

1.1.1 Órgãos normativos

Na estrutura do SFN, há os órgãos normativos, responsáveis por deliberar regimentos que norteiam as ações das entidades e dos indivíduos. No caso brasileiro, esse papel é desempenhado pelo Conselho Monetário Nacional (CMN), pelo Conselho Nacional de Seguros Privados (CNSP) e pelo Conselho Nacional de Previdência Complementar (CNPC).

1.1.1.1 CMN

O CMN foi umas das inovações introduzidas pela Lei n. 4.595/1964. A organização normativa, de acordo com o art. 2º da referida lei, foi criada com a incumbência de formular a política da moeda e do crédito, vislumbrando o desenvolvimento econômico e social.

Esse órgão máximo do SFN recebe atribuições legais, descritas no art. 3º da Lei n. 4.595/1964, com as respectivas atualizações posteriores. Essas incumbências são:

> I – Adaptar o volume dos meios de pagamento às reais necessidades da economia nacional e seu processo de desenvolvimento;
>
> II – Regular o valor interno da moeda, para tanto prevenindo ou corrigindo os surtos inflacionários ou deflacionários de origem interna ou externa, as depressões econômicas e outros desequilíbrios oriundos de fenômenos conjunturais;
>
> III – Regular o valor externo da moeda e o equilíbrio no balanço de pagamento do País, tendo em vista a melhor utilização dos recursos em moeda estrangeira;
>
> IV – Orientar a aplicação dos recursos das instituições financeiras, quer públicas, quer privadas; tendo em vista propiciar, nas diferentes regiões do País, condições favoráveis ao desenvolvimento harmônico da economia nacional;
>
> V – Propiciar o aperfeiçoamento das instituições e dos instrumentos financeiros, com vistas à maior eficiência do sistema de pagamentos e de mobilização de recursos;
>
> VI – Zelar pela liquidez e solvência das instituições financeiras;
>
> VII – Coordenar as políticas monetária, creditícia, orçamentária, fiscal e da dívida pública, interna e externa. (Brasil, 1964c)

Essa lei prevê outras funções para o CMN, que resumidamente se coadunam na missão central de regular e disciplinar o SFN. Algumas dessas funções normativas, conforme evidenciaremos posteriormente, foram delegadas a outros órgãos vinculados ao governo, em razão da especificidade das matérias a serem reguladas. Os demais assuntos constituem o escopo para as deliberações da equipe do CMN.

Os integrantes do CMN, munidos de atribuições que representam elementos essenciais para o desenvolvimento das políticas governamentais, estão ligados à equipe política da Presidência da República. De acordo com a Lei n. 9.069, de 29 de junho de 1995 (Brasil, 1995), o conselho é composto por: ministro da Fazenda, que ocupa o cargo de presidente; ministro do Planejamento, Desenvolvimento e Gestão; e presidente do Banco Central do Brasil (BCB). Perceba que os membros do conselho são ocupantes de cargos políticos, indicados pelo presidente do Executivo.

A referida equipe de trabalho realiza encontros mensais com a intenção de deliberar a respeito dos assuntos que estão sob sua responsabilidade. Compete ao presidente do Conselho, quando necessário, convocar reuniões extraordinárias. As deliberações do CMN ingressam no ordenamento nacional por meio de resoluções, que contam com o voto favorável da maioria dos membros da equipe.

Não obstante, algumas situações de caráter urgente e de interesse relevante exigem um posicionamento tempestivo do governo. Nesses casos, a lei permite que o presidente do CMN delibere sem o consentimento dos demais membros da equipe. Trata-se do *ad referendum*, que expressa uma ação tempestiva em caráter de exceção ao crivo deliberativo, a qual, no entanto, necessita do consentimento dos demais membros quando da realização da reunião seguinte.

1.1.1.2 CNSP

O CNSP é o órgão normativo do SFN responsável pelo estabelecimento de diretrizes no âmbito dos seguros privados. Nesse caso, entende-se por *seguro* o contrato firmado entre um indivíduo e uma seguradora com intuito de salvaguardar de riscos de um bem ou direito mediante o pagamento de um prêmio. Caso você tenha se lembrado do seguro do carro ou da casa, saiba que as regras gerais que norteiam esses acordos bilaterais emanam do CNSP.

Esse conselho normativo é presidido pelo ministro da Fazenda, contando com a participação do superintendente da Susep e de representantes do Ministério da Justiça, do BCB, do Ministério da Previdência Social e da CVM.

1.1.1.3 CNPC

O CNPC é o órgão responsável por deliberar assuntos pertinentes aos planos fechados de previdência complementar. Nesse caso, entende-se por *plano fechado de previdência* aquele constituído para atender um grupo específico de profissionais ou funcionários de determinada empresa. A Caixa de Previdência dos Funcionários do Banco do Brasil (Previ), maior fundo de pensão da América Latina, é um exemplo de plano fechado de previdência, que, nesse caso, foi criado para atender exclusivamente funcionários do Banco do Brasil. Essas organizações devem seguir as deliberações normativas do CNPC.

1.1.2 Entidades supervisoras

A fim de conferir a aplicabilidade das deliberações emanadas pelos órgãos normativos, o SFN dispõe de entidades supervisoras que desempenham o papel de fiscalização e disciplinam assuntos específicos. Entre essas entidades, destacam-se o BCB, a CVM e a Susep.

A atuação dessas entidades, para melhor entendimento, pode ser segmentada por mercado de atuação. Nesse sentido, quando considerados os mercados de crédito, monetário e de câmbio, a entidade supervisora é o BCB. Quanto ao mercado de capitais, as deliberações normativas estabeleceram a CVM para as funções de supervisão. Por último, quando o assunto é mercado de seguros, atribui-se à Susep a função de supervisora.

A seguir, pormenorizamos essas autarquias[2], com foco na criação e nas atribuições desempenhadas no SFN.

1.1.2.1 Banco Central do Brasil (BCB)

Desde os tempos imperiais, o Brasil já demandava uma organização que atuasse no sistema monetário nacional, desempenhando o papel de banqueiro do governo. Essa função foi inicialmente suprida, em 1808, pela criação do Banco do Brasil, que desempenhava a função de banco central e comercial.

Anos mais tarde, em 1945, no então governo de Getúlio Vargas, conforme lembrado por Niyama e Gomes (2012), criou-se a Superintendência da Moeda e do Crédito (Sumoc). Essa organização recebeu a missão de controlar o mercado financeiro e coibir os movimentos inflacionários.

Em 1964, com a Lei n. 4.595, criou-se o BCB com *status* de autarquia federal, que, inicialmente, essa organização assumiu funções que antes eram executadas pela extinta Sumoc. Com as alterações legais, o BCB passou a desempenhar funções que lhe conferiram o *status* de "banco dos bancos".

Nesse contexto histórico, é notável que o BCB desempenhou um papel importante para a conjuntura econômica e organizacional do SFN. Quais seriam, no entanto, as atribuições dadas a essa autarquia federal que permitiriam a atuação relevante no contexto brasileiro?

Para responder a essa indagação, evidenciaremos as atribuições dessa autarquia com base em uma subdivisão por ela proposta, a saber:

- **Função de emissão de moeda** – Trata-se de uma atribuição exclusiva da mencionada autarquia, que atua na emissão de papel-moeda, na substituição de cédulas desgastadas e na realização de pesquisas que vislumbrem o desenvolvimento de mecanismos que minimizem os riscos de fraudes. É importante lembrar, nesse contexto, que as moedas são efetivamente produzidas pela Casa

---

2 *Autarquia* é a nomenclatura utilizada para designar entidades da administração pública, criada por lei, para desempenhar atividades específicas.

da Moeda do Brasil, que, após receber uma ordem do BCB, realiza a emissão dos itens monetários.

Preste atenção!

O BCB, com base na necessidade econômica do dinheiro em espécie, solicita a impressão da moeda ao fabricante (Casa da Moeda do Brasil). Após a produção, o BCB envia os valores para o Banco do Brasil, que atualmente exerce a função de instituição custodiante, fazendo a logística do dinheiro para as demais instituições, bem como recolhendo as cédulas que não apresentam qualidade adequada. Nesse contexto, o dinheiro em espécie é gerenciado pelo BCB tanto no que se refere à quantidade quanto à qualidade (BCB, 2020c).

- **Função de banco dos bancos** – O BCB está incumbido de receber os depósitos voluntários dos bancos atuantes no SFN e de suprir necessidades creditícias de instituições financeiras deficitárias mediante operações de redesconto[3] e de empréstimo. Essas hipóteses de atuação são semelhantes aos serviços prestados pelos bancos comerciais ao público em geral, razão pela qual tal autarquia recebe o *status* de "banco dos bancos".
- **Função de banqueiro do governo** – Esta atribuição foi dada na Lei n. 4.595/1964, na qual se estabeleceu que o BCB seria o depositário das reservas internacionais, de ouro e dos direitos especiais de saque (DSE). O DSE corresponde a uma cesta de moedas criada pelo Fundo Monetário Internacional (FMI), que atualmente é composta por: dólar americano; euro; yuan chinês; yen; e libra esterlina. Os países-membros podem tomar emprestado do FMI ou depositar nessa unidade monetária – DSE –, de acordo com as necessidades creditícias.

[3] Operações de redesconto representam créditos concedidos para sanar a liquidez de curto prazo, originadas pelo "descasamento" das entradas e saídas de recursos de um banco.

- **Função de supervisor do SFN** – O BCB é responsável por fiscalizar as instituições financeiras, aqui compreendidas como as organizações que intermedeiam recursos visando testificar o atendimento do regramento legal. Além disso, a autarquia deve autorizar o funcionamento de outras organizações financeiras no país, aplicar penalidades e realizar intervenções nas entidades sujeitas a sua supervisão.

- **Função de executor da política monetária** – Essa função é exercida por utilização do recolhimento compulsório (com determinação do percentual a ser aplicado), operações de redesconto e operações de mercado aberto. Com esses instrumentos de política monetária, o BCB pode expandir ou contrair os meios de pagamento, a depender dos direcionamentos governamentais.

- **Função de executor da política cambial** – Para garantir o poder de compra da moeda local, o funcionamento do mercado de câmbio e o equilíbrio da balança de pagamento, o BCB tem a incumbência de realizar algumas intervenções, entre as quais se destacam, por exemplo, a realização de leilões de câmbio e o controle da variabilidade da moeda local em relação às moedas estrangeiras.

Para saber mais

Site

Para explorar mais sobre a estrutura, as informações e as funções desempenhadas pelo BCB, acesse:

BCB – Banco Central do Brasil. Disponível em: <https://www.bcb.gov.br>. Acesso em: 10 ago. 2020.

1.1.2.2 Conselho de Política Monetária (Copom)

O Copom foi criado pela Circular BCB n. 2.698, de 20 de junho de 1996 (BCB, 1996a), tendo como objetivo o direcionamento das políticas monetárias do país, bem como a definição da taxa básica de juros. Essas funções têm a potencialidade de influenciar o ambiente macroeconômico nacional, principalmente no que concerne à inflação e ao consumo. Para que isso seja possível, o Copom utiliza como instrumento de atuação a determinação das metas da taxa Selic – indicador macroeconômico que representa a taxa média de juros observada pelo Sistema Especial de Liquidação e Custódia (Selic). De maneira prática, é uma taxa utilizada pelo BCB para concessão de créditos aos bancos, o que, de certa forma, influencia a taxa de juros ofertada aos consumidores finais. Sendo assim, quando no noticiário afirma-se que o Copom reduziu a taxa Selic, é esperado que os empréstimos financeiros, de maneira geral, sofram redução.

As reuniões do Copom, nas quais se definem as direções da taxa Selic, ocorrem a cada 45 dias, com participação do presidente e dos diretores do BCB. Nessas sessões, decide-se pela elevação, redução, manutenção ou definição de um viés, ou seja, uma possível direção da taxa para a reunião seguinte. Quando o Copom define a Selic com um viés de baixa, por exemplo, entende-se que, em um futuro próximo, o Conselho determinará uma diminuição da taxa.

Essas mudanças na taxa Selic ocorrem para o devido cumprimento da meta de inflação, definida pelo CMN. Caso essa meta não seja atingida, cabe ao presidente do BCB explicar as razões do descumprimento, bem como apontar as apropriadas providências a serem tomadas para a readequação dos patamares requeridos. Essas exigências ressaltam a seriedade das definições da taxa de juros, que têm implicações diretas na política monetária nacional.

1.1.2.3 CVM

Criada em 1976 pela Lei n. 6.385, a CVM ingressou no SFN com a função de regulamentar, supervisionar e controlar as atividades realizadas no mercado de capitais. Esse mercado possibilita, de um lado, que investidores diversifiquem sua carteira de investimentos e, de outro, que os tomadores tenham opções de financiamento de longo prazo.

Para o cumprimento dessa função no SFN, a Lei n. 10.303, de 31 de outubro de 2001 (Brasil, 2001), esclareceu algumas funções legais que devem ser desempenhadas por essa autarquia federal. Para exemplificar, descrevemos algumas dessas atribuições legais, a saber:

- fiscalizar as operações com valores mobiliários, realizadas na bolsa de valores[4];
- organizar o funcionamento e as operações das bolsas de valores;
- disciplinar e fiscalizar a auditoria das companhias abertas;
- disciplinar e fiscalizar a emissão e a distribuição de valores mobiliários no mercado.

Para saber mais

Site

A CVM também disponibiliza em seu portal várias informações a respeito das empresas de capital aberto. É possível consultar o resultado das assembleias realizadas pela empresa, dados econômicos financeiros, entre outras informações de relevância para os investidores. Consulte esses dados em:

CVM – Comissão de Valores Mobiliários. **Consulta de documentos de companhias abertas por ordem alfabética.** Disponível em: <https://cvmweb.cvm.gov.br/SWB/Sistemas/SCW/CPublica/CiaAb/FormBuscaCiaAbOrdAlf.aspx>. Acesso em: 21 jul. 2020.

---

[4] A bolsa de valores é o ambiente em que ocorre a negociação dos títulos emitidos pelas empresas, como ações e fundo imobiliário

1.1.2.4 Susep

A Susep é uma autarquia federal criada por meio do Decreto-Lei n. 73, de 21 de novembro de 1966 (Brasil, 1966), e incumbida de controlar e fiscalizar o mercado de seguros e de previdência privada aberta. Para que essa missão seja cumprida, a lei determina algumas atribuições, entre as quais estão: fiscalizar; promover aprimoramentos na área de seguros e capitalização; fazer cumprir as deliberações emitidas pelo CNSP; e proteger o interesse dos consumidores das áreas sob sua responsabilidade.

Para saber mais

Site

Conheça um pouco mais sobre o histórico de surgimento das atividades de seguro no Brasil por meio do portal Susep.

SUSEP – Superintendência de Seguros Privados. **História do seguro**. Disponível em: <http://www.susep.gov.br/menu/a-susep/historia-do-seguro>. Acesso em: 5 jun. 2020.

1.1.2.5 Previc

A Previc, autarquia vinculada ao Ministério da Fazenda, foi criada pela Lei n. 12.154, de 23 de dezembro de 2009 (Brasil, 2009). De acordo com esse dispositivo normativo, no SFN, à Previc cabe fiscalizar e supervisionar, mediante iniciativas necessárias, as entidades de previdência complementar fechada. Esses planos de previdência, também conhecidos como *fundo de pensão*, são classificados como *fechados* por serem restritos aos funcionários de determinada empresa contratante. Como exemplo, há a Caixa de Previdência dos Funcionários do Banco do Brasil (Previ) e a Fundação Petrobras de Seguridade Social (Petros).

Para saber mais

Documento

A Previc realizou um estudo sobre as melhores práticas executadas pelos fundos de pensão. A publicação abrange, entre outros aspectos, análise de governança e riscos atinentes à atividade.

PREVIC – Superintendência Nacional de Previdência Complementar. **Melhores práticas atuariais para entidades fechadas de previdência complementar.** Brasília: Superintendência Nacional de Previdência Complementar, 2012. Disponível em: <http://www.previc.gov.br/central-de-conteudos/publicacoes/guias-de-melhores-praticas/melhores-praticas-atuariais.pdf/@@download/file/Melhores%20Pr%C3%A1ticas%20Atuariais.pdf>. Acesso em: 10 ago. 2020.

1.1.3 Entidades operativas

As entidades operativas atuantes no SFN são aquelas que estão em contato com aplicadores e tomadores de recursos mediando as relações entre esses dois grupos. Essas organizações devem seguir as regras dos órgãos normativos e são fiscalizadas pelas entidades supervisoras.

De maneira didática, para melhor compreensão dessas organizações, podemos dividi-las em três grupos: 1) instituições bancárias; 2) instituições não bancárias; e 3) instituições auxiliares.

1.1.3.1 Instituições bancárias

Consideram-se instituições bancárias todas aquelas que captam depósito à vista do mercado financeiro. Abreu e Silva (2017) reconhecem essas organizações como instituições monetárias justamente em razão da característica de criação de moeda. Em outras palavras, estas são organizações que têm a potencialidade de multiplicar os meios de pagamento mediante captação dos recursos e realização de empréstimos. Essas organizações, de acordo com algumas características peculiares, podem ser divididas em:

- **Banco comercial** – São organizações que captam recursos mediante depósitos à vista e a prazo, concedendo empréstimos para financiamento de curto e médio prazos. Essa característica pode ser observada em diversas organizações financeiras atuantes no país, como o Banco Pottencial S.A. e o Banco da Amazônia S.A., que, além de receberem depósitos de seus clientes, realizam amparos creditícios.

- **Bancos múltiplos** – Executam modalidade de atuação autorizada pela Resolução BCB n. 2.099, de 17 de agosto de 1994 (BCB, 1994), que permite à organização atuar nas carteiras[5] comerciais, de investimento, de desenvolvimento, de crédito imobiliário, de arrendamento mercantil e de financiamento. Para ser considerada um banco múltiplo, a entidade tem de atuar com no mínimo duas carteiras, uma das quais deve ser a comercial ou a de investimento. A maior parte dos bancos presentes no Brasil são categorizados como bancos múltiplos. Além dos já citados, são exemplos o Banco do Brasil S.A. e o Bradesco.

- **Caixas econômicas** – São organizações que, além de operar como banco comercial, integram o Sistema Brasileiro de Poupança e Empréstimo (SBPE) e o Sistema Financeiro de Habitação (SFH). Esses dois sistemas correspondem a modalidades de crédito criadas para fomentar financiamentos imobiliários com condições mais acessíveis se comparadas com outras linhas de crédito disponíveis no mercado. No Brasil, a única instituição atuante nessa modalidade é a Caixa Econômica Federal, que, além dos

[5] Nesse contexto, *carteira* é a expressão empregada para designar uma fragmentação dos produtos bancários. Dessa forma, caso o banco opere somente na carteira de crédito imobiliário, estará autorizado somente a atuar no financiamento de imóveis, não podendo financiar outros bens, ou até mesmo realizar operações de captação.

aspectos já elencados, é reconhecida por deter o monopólio das operações de penhor comum, administrar a loteria federal e o Fundo de Garantia por Tempo de Serviço (FGTS).

- **Cooperativas de crédito** – São instituições constituídas por um grupo de pessoas que têm um objetivo comum, como é o caso do Sistema de Crédito Cooperativo (Sicredi). No caso de atuação no SFN, essas organizações estão autorizadas a captar recursos de seus associados, assim como realizar empréstimos e financiamentos.

1.1.3.2 Instituições não bancárias

As instituições não bancárias, também conhecidas como *não monetárias*, são caracterizadas por não captar recursos por meio dos depósitos à vista (Niyama; Gomes, 2012). Para angariar recursos financeiros, que posteriormente são destinados a empréstimos e financiamentos, essas organizações emitem títulos e depósitos a prazo. Os bancos de investimento e de desenvolvimento, as sociedades de arrendamento mercantil e as financeiras são exemplos desse tipo de instituição.

1.2 Juros e *spread* bancário

A captação de recursos em uma instituição financeira, seja para a compra de um bem de capital, seja para gastos habituais, envolve uma variável que define o valor das prestações a serem desembolsadas: a taxa de juros. O que são juros, no entanto?

Os juros podem ser considerados, na visão do detentor do recurso financeiro, como um indicador de remuneração do capital emprestado. Para Hastings (2006), representam um sacrifício econômico para se atingir determinado propósito, que, no caso dos bancos, seria a geração de receitas. Dessa forma, quando o banco cede recursos para terceiros, ele visa obter um "prêmio" pelo risco assumido, o que, conforme demonstraremos nos próximos capítulos, constitui receitas operacionais para essas organizações financeiras.

Preste atenção!

Para o BCB, os juros correspondem ao "preço do 'aluguel' do dinheiro por um período de tempo; percentual calculado pela divisão dos juros contratados pelo capital emprestado/poupado" (BCB, 2020a).

Não obstante, se, de um lado, há esses juros incidentes nos empréstimos, de outro, há a taxa de captação, que funciona como remuneração do capital aportado pelos poupadores. Sendo assim, ao se aplicar sobras financeiras em uma poupança, em um certificado de depósito bancário (CDB) ou em um fundo de investimento, obtém-se um retorno financeiro que varia de acordo com os riscos assumidos. Farias e Ornelas (2015) explicam que CDBs são títulos negociáveis, emitidos pelos bancos, usualmente indexados pela taxa de depósito interbancário. Para as instituições financeiras, os montantes contabilizados a título de remuneração das aplicações são considerados despesas que reduzem o resultado operacional.

Diante desses dois indicadores (taxa de juros cobrada nos empréstimos e taxa de juros paga aos aplicadores), chegamos ao conceito de *spread* bancário, que representa a diferença, em pontos percentuais, entre os juros de empréstimos e a taxa de captação financeira. Segundo Assaf Neto e Lima (2017), o *spread* deve ser suficiente para amparar as despesas incorridas na operação, os riscos atinentes ao crédito, bem como a remuneração do negócio. Em outras palavras, é o resultado da intermediação financeira entre tomadores e aplicadores, o qual, conforme os autores, pode ser representado na fórmula a seguir:

> *Spread* bancário =
> taxa de juros − taxa de captação

Para exemplificarmos esse conceito, considere que determinado banco está pagando, aproximadamente, 8% a.a. em uma aplicação realizada em CDB. Nesse mesmo instante, concedeu um empréstimo com taxa de 20% a.a. Considerando somente esses valores hipotéticos, essa organização financeira teria um *spread* bancário de 12% a.a. (20% − 8%).

Vale a pena ressaltar que o *spread* bancário não pode ser confundido com o lucro da entidade financeira. Do percentual percebido, o banco ainda precisaria considerar as despesas com provisão para crédito de liquidez duvidosa (esse assunto será abordado no Capítulo 3), impostos, despesas administrativas, contingências, dentre outros custos necessários para manutenção da atividade bancária. De acordo com o relatório econômico do BCB (2017a), entre 2015 e 2017, os bancos tiveram um custo médio de 39,2% com captação, 22,7% com inadimplência, e 15,2% com despesas administrativas.

Ademais, no que concerne ao montante captado, a regulamentação bancária não permite que os bancos utilizem integralmente esses recursos para realização de empréstimos. Conforme explicaremos nos capítulos posteriores, uma parcela das aplicações financeiras é direcionada para o BCB a título de depósito compulsório. Essa medida também influencia na margem de contribuição gerada na intermediação financeira.

É relevante acrescentar que, para o desenvolvimento nacional, quanto menor for o *spread* bancário, maior será o incentivo para realização de empréstimos, que serão destinados para investimentos em capital fixo e de giro. No Brasil, em razão do cenário macroeconômico de incerteza, usualmente as instituições financeiras praticam elevados patamares de *spread*. Para se ter uma ideia, de acordo com as informações do BCB (2020e), em setembro de 2018, o *spread* médio das operações de crédito com recursos livres para pessoa física foi de 41,99% a.a. Na tentativa de reduzir esses patamares, as autoridades monetárias vêm desempenhando algumas ações no SFN.

O BCB (2004b), por exemplo, realizou um estudo sobre essa temática para buscar compreender as razões dos elevados juros praticados no país. Como resultado dessa pesquisa, o órgão vem adotando algumas medidas no SFN com o fito de reduzir a média do *spread* bancário praticada no Brasil. Dentre essas ações, destacamos:

- realização de práticas que visem conferir maior transparência ao mercado de crédito;
- elevação da segurança jurídica para reduzir as perdas bancárias com inadimplência.

1.3 Produtos financeiros

No Sistema Financeiro Nacional são transacionados diversos produtos e serviços ligados à captação de recursos, amparo de capital aos tomadores e seguridade. De acordo com o portfólio das maiores instituições financeiras atuantes no país (Banco do Brasil, Caixa Econômica Federal, Bradesco, Itaú e Santander), bem como em consideração às possibilidades de registro contábil do Cosif, esses produtos e serviços podem ser fragmentados em sete categorias, a saber:

1. **Empréstimos e financiamentos** – São produtos destinados ao amparo creditício de indivíduos que necessitam de recursos financeiros. De acordo com a Circular BCB n. 1.273, de 29 de dezembro de 1987 (BCB, 1987), os empréstimos não têm uma destinação específica. Um exemplo desse tipo de modalidade é a operação de capital de giro, pela qual, no contrato de formalização, usualmente não é exigida uma aplicação específica do recurso emprestado. Por sua vez, no caso dos financiamentos, os

valores pactuados têm uma destinação, como compra de veículos ou máquinas.

2. **Título de capitalização** – Trata-se de uma modalidade de captação de recursos mediante a qual o indivíduo deposita determinado montante com intuito de concorrer a prêmios durante a vigência do título de capitalização. De acordo com a Circular Susep n. 365, de 27 de maio de 2008 (Brasil, 2008), a remuneração efetiva desse título não pode ser menor que 0,35% ao mês. Demais regulamentações desse produto comercializado pelos bancos são estabelecidas pela Susep.

3. **Seguros** – Para mitigação de riscos, os bancos usualmente negociam produtos de seguridade. Devemos lembrar, no entanto, que, conforme mencionado por Abreu e Silva (2017), para que essas instituições possam negociar esses produtos, é necessária autorização prévia da Susep.

4. **Consórcios** – Esse produto bancário passou a ser utilizado no Brasil na década de 1960 em resposta à escassez de crédito. Nessa modalidade, o banco cria um grupo de poupadores que desejam a aquisição de determinado bem ou serviço. No transcorrer do tempo, os participantes do grupo vão sendo sorteados gradativamente, ganhando o direito de utilizar o valor contratado.

5. **Cartões** – Esse produto representa uma modalidade de pagamento para os correntistas das organizações financeiras. Os usuários dessa alternativa de transação, a depender do contrato com a instituição financeira, podem utilizar os cartões nas modalidades débito e crédito. Na opção de pagamento a crédito, as compras podem ser realizadas a prazo, e o risco de inadimplência recai sobre a operadora de cartão. Dadas essas facilidades, esse produto se popularizou no Brasil, transacionando 1,36 trilhões de reais em 2017, de acordo com a Associação

Brasileira das Empresas de Cartões de Crédito (Abecs, citada por Volume..., 2018).

6. **Investimentos** – Os produtos de investimentos são direcionados para os detentores de recursos financeiros que desejam auferir uma rentabilidade futura. Atualmente as instituições permitem que os investidores apliquem em fundos de investimento, ações, letras, tesouro direto, CDB e títulos privados. Essas alternativas de aplicação divergem em prazo, carência, risco e tributação.

7. **Previdência privada** – Trata-se de uma modalidade de aplicação de recursos mediante a qual os valores aportados são direcionados para uma reserva individual, que é remunerada pela instituição financeira. Esse montante aplicado pode, dependendo da intenção do investidor, converter-se em uma renda mensal vitalícia. Atualmente, o mercado negocia dois tipos de previdência privada: Plano Gerador de Benefício Livre (PGBL) e o Vida Gerador de Benefício Livre (VGBL), distintos em função do planejamento tributário do aplicador. No caso dos PGBLs, a norma estabelece incentivos fiscais relacionados aos montantes aportados. De acordo com o art. 76 do Decreto n. 9.580, de 22 de novembro de 2018 (Brasil, 2018), que ficou conhecido como *Regulamento do Imposto de Renda 2018*, os valores depositados no ano-calendário, a título de contribuição de previdência privada em PGBL, podem reduzir a base de cálculo do Imposto de Renda Pessoa Física em até 12%. Por sua vez, os planos VGBL não têm essa prerrogativa de dedução da base de cálculo do Imposto de Renda (IR). No entanto, no momento em que o contribuinte realiza o resgate do plano de previdência, incide imposto de renda somente sobre o rendimento, diferentemente do que ocorre em um PGBL, em que o IR incide sobre o rendimento e as parcelas

pagas. Portanto, as instituições financeiras disponibilizam produtos para diferentes perfis e propósitos de aplicação.

1.4 Riscos das instituições financeiras

Frequentemente, ao se considerarem alguns fatos históricos, estes estão imbricados com situações adversas que envolvem instituições financeiras. Na crise financeira de 2008, por exemplo, observaram-se prejuízos bilionários e até mesmo declaração de descontinuidade operacional. Em setembro de 2008, o centenário banco Lehman Brothers declarou falência em razão dos resultados da crise dos *subprimes*. Werdigier e Anderson (2008), do *The New York Times*, divulgaram que o banco Merrill Lynch, esperava perdas de 15 bilhões de dólares em decorrência principalmente de crédito imobiliário. Esses eventos ocorridos no passado, além de constituírem parte da história, ressaltam a importância de conhecer e mitigar os riscos inerentes às atividades econômicas.

Importante!

Risco é o efeito da incerteza nos objetivos. Um efeito é um desvio em relação ao esperado. Os **objetivos**, por sua vez, podem ter diferentes aspectos (tais como metas financeiras, metas de saúde e segurança e metas ambientais) e podem aplicar-se em diferentes níveis (tais como o estratégico, o de toda a organização, o de projeto, o de produto e o de processo) (ABNT, 2009).

De acordo com a ISO 31000 (ABNT, 2009), o risco estaria associado a incertezas relacionadas a determinado evento futuro. Bernstein (1997) também apresenta argumentos associativos entre risco e tempo. Ross et al. (2015) salientam que essa incerteza é incorporada na precificação de ativos, o que supostamente também influenciaria a taxa de juros dos empréstimos bancários. Com o desenvolvimento de mecanismos de identificação de infortúnios, o homem passou a planejar ações para não ficar à mercê dos caprichos da natureza. Sendo assim, podemos inferir que risco é a possibilidade de ocorrência de determinado efeito em uma organização.

Partindo desse pressuposto conceitual, nesta seção, comentaremos alguns riscos atinentes às instituições financeiras. Para tanto, elencamos os riscos de mercado, de crédito, de liquidez, operacional e sistêmico, que são considerados de maior relevância, constituindo o escopo das discussões acerca da regulamentação bancária no âmbito mundial.

1.4.1 Risco de mercado

Risco de mercado, conforme descrito na alteração do acordo de capital regulatório emitida pelo Basel Committee on Banking Supervision e pelo Technical Committee of the International Organization of Securities Commissions (BCBS; IOSCO, 1997, p. 5, tradução nossa), representa "o risco de perdas em posições patrimoniais, e extrapatrimoniais, decorrentes de movimentos nos preços de mercado". Essas variações nos valores das posições patrimoniais podem ser resultantes da oscilação de indicadores macroeconômicos, como juros, taxa cambial e preço.

No que tange à taxa de juros, as organizações bancárias, por exemplo, poderiam sofrer perdas financeiras em razão da elevação da taxa básica de juros. Suponha que determinado banco conceda empréstimos com taxa de juros prefixada e remunere seus aplicadores com um percentual do certificado de depósito interbancário (CDI). Nesse caso, uma elevação da taxa básica de juros iria aumentar as despesas com os aplicadores, reduzindo o *spread* anteriormente almejado.

Semelhantemente às oscilações nos juros macroeconômicos, as mudanças da taxa de câmbio também estão associadas ao risco de mercado. Os bancos, a depender da posição financeira assumida (ativa ou passiva), podem obter um resultado negativo em virtude da valorização ou da desvalorização da moeda nacional. Nos contratos de *swap* (trataremos desse assunto no Capítulo 5), por exemplo, o banco pode assumir um fluxo de pagamentos em moeda estrangeira, em troca de um ativo em moeda nacional. Para essa hipótese, se a moeda estrangeira disparar, obviamente a organização bancária obterá prejuízos.

Por último, ainda no escopo de risco de mercado, devemos lembrar que o valor dos bens de capital e de consumo pode oscilar negativamente. Em consideração a essa hipótese, poderíamos citar algumas situações decorrentes desse cenário, tais como: redução do valor das garantias oferecidas em empréstimos bancários, e impossibilidade de reposição do capital emprestado em razão da desvalorização de *commodities*.

1.4.2 Risco de crédito

A Resolução BCB n. 4.557, de 23 de fevereiro de 2017 (BCB, 2017b), que trata sobre gerenciamento de risco, delimita aspectos conceituais de risco de crédito, com ênfase em situações que podem ser desencadeadas por essa adversidade. De acordo com o art. 21 da norma, esse risco está associado à probabilidade de perdas financeiras relacionadas com:

- o não retorno de capital emprestado, decorrente do descumprimento da parte contratante;
- as alterações nos ganhos esperados de um instrumento financeiro de empréstimo, em decorrência de mudanças nos mitigadores de risco e na condição financeira do contratante;
- a reestruturação de instrumentos financeiros;
- a inocorrência de custos para recuperar o crédito emprestado.

1.4.3 Risco de liquidez

O risco de liquidez, em uma instituição financeira, está associado à possibilidade de insuficiência de reservas monetárias para honrar com as obrigações. O art. 2º da Resolução BCB n. 4.090, de 24 de maio de 2012 (BCB, 2012), qualifica as obrigações como esperadas e inesperadas, correntes e futuras. Assim, esses riscos referem-se a situações nas quais os ativos disponíveis não são suficientes para honrar com as obrigações, causando danos significativos para a organização.

Complementar a esse significado, essa resolução do BCB ainda considera risco de liquidez a possibilidade de negociar uma posição financeira em padrões inferiores aos de mercado, em razão da conjuntura econômica. Políticas monetárias, por exemplo, poderiam minorar a quantidade de moeda em circulação, reduzindo a liquidez do mercado, o que poderia diminuir a demanda por alguns ativos e, por conseguinte, obviamente repercutir nos preços.

Diante dessas realidades, o Basel Committee on Banking Supervision e o Technical Committee of the International Organization of Securities Commissions (BCBS; IOSCO, 1997) orientam a realização de "testes de estresse", com base nos quais a instituição avaliaria possíveis cenários de sua realidade econômica financeira. O capital existente na instituição financeira, por efeito da imaginação dessas intempéries, deveria demonstrar-se suficiente para absorver eventuais prejuízos.

O BCB, fundamentando-se nessas orientações internacionais de supervisão bancária, também definiu obrigatoriedades para as organizações atuantes do SFN vislumbrando a mitigação do risco de liquidez. Entre os procedimentos determinados normativamente, destaca-se a necessidade dos bancos em elaborar: políticas e estratégias de gerenciamento de risco; procedimentos para identificação, avaliação, monitoramento e controle da exposição de risco; e realização de testes de estresse.

Esses procedimentos ressaltam a importância dada à redução das possibilidades de uma organização financeira enfrentar problemas de liquidez.

1.4.4 Risco operacional

Para o BCBS (2001a, p. 2, tradução nossa), a maioria dos bancos entende como risco operacional a "perda direta ou indireta de processos internos, pessoas e sistemas inadequados ou fracassados ou de eventos externos". De acordo com a Resolução BCB n. 4.557/2017, no art. 32, esse risco está ligado à inconformidade legal dos procedimentos realizados pelos bancos, como fraudes, processos trabalhistas e práticas inadequadas em relação aos clientes.

Essa temática, embora já estivesse presente desde os primórdios das instituições financeiras, ganhou os holofotes dos órgãos de regulamentação bancária na década de 1990, depois da ocorrência de algumas crises no setor. Entre esses episódios, destaca-se o caso do Banco Barings, conhecido como *Banco da Rainha*, que, mesmo sendo uma instituição centenária, decretou insolvência em 1995, após a atuação irresponsável de um único funcionário: Nicholas Leeson. O banco japonês Daiwa também foi alvo da atuação não autorizada de um colaborador, o que resultou em um prejuízo de US$ 1,1 bilhão. Essas ações chamaram a atenção do mercado, tendo sido matéria integrante da atualização do Acordo de Basileia, e motivaram a criação de normas nacionais para mitigação desses riscos.

No Brasil, a Resolução BCB n. 4.557/2017 determinou que os bancos devem estabelecer políticas de mitigação de risco que envolvam alocação monetária para avaliar, gerenciar e monitorar os riscos operacionais. Esses procedimentos fazem parte da governança corporativa da organização, imprescindível para o funcionamento da instituição financeira no SFN.

1.4.5 Risco sistêmico

O risco sistêmico representa a possibilidade de que um evento desfavorável ocorrido em uma organização afete outras entidades do mesmo setor ou até mesmo do mercado de atuação. Para o BIS (1994), trata-se do efeito contágio, que se estabelece após o descumprimento contratual de determinado participante do sistema, que, por sua vez, pode gerar uma reação em cadeia, causando danos e instabilidade generalizada.

Para facilitar o entendimento a respeito desse risco, faremos menção ao fato histórico ocorrido na década de 1980 que derrubou as bolsas de valores de São Paulo e Rio de Janeiro. Esse evento teve início com a ação arrojada do libanês Naji Nahas, que atuava no mercado financeiro brasileiro com valores expressivos. De acordo com Versignassi (2014), estima-se que esse investidor estrangeiro tenha chegado a possuir 7% das ações da Petrobras e 12% das da Vale. A estratégia de atuação para angariação de resultados extraordinários envolvia a manipulação de preço de ativos[6]. Quando essa prática veio a ser noticiada para o público em geral, a bolsa de valores foi acometida por incertezas sobre o real valor dos papéis negociados. No dia seguinte à divulgação da notícia, a CVM determinou recesso na bolsa de valores justamente por causa dessas incertezas. O fato somente procrastinou os resultados, que obviamente refletiram na queda massiva de papéis na bolsa de valores.

Esse fato histórico exemplifica um pouco os efeitos do risco sistêmico, que usualmente é iniciado por fatos isolados que têm o potencial de contagiar o mercado, gerando instabilidade. Por essa razão, existe uma preocupação dos órgãos normativos do sistema financeiro, que procuram mitigar esse risco mediante ações fiscalizatórias e exigência de padrões mínimos de capital, conforme apresentaremos no Capítulo 6 desta obra.

6 Para saber mais sobre o assunto, consulte Versignassi (2014).

1.5 Estrutura e funcionamento do Cosif

Cosif é a abreviação utilizada para fazer referência ao Plano Contábil das Instituições Financeiras do Sistema Financeiro Nacional. Como o próprio nome sugere, trata-se de plano de contas que tem particularidades atinentes ao SFN e designa rubricas contábeis e procedimentos obrigatórios a serem seguidos.

Essas regras foram instituídas no ordenamento contábil nacional pela Circular BCB n. 1.273/1987. Vale lembrar que o responsável legal por expedir normas contábeis gerais para as instituições financeiras, de acordo com a Lei n. 4.595/1964, é o CMN, cabendo ao BCB normas específicas. O Cosif, dessa forma, transcreve particularidades contábeis em consonância com suas atribuições legais.

A Circular BCB n. 1.273/1987 foi taxativa na designação das instituições obrigadas a observar os procedimentos legais nela inseridos. Nesse rol de organizações, foram incluídos:

a. os bancos múltiplos;
b. os bancos comerciais;
c. os bancos de desenvolvimento;
d. as caixas econômicas;
e. os bancos de investimento;
f. os bancos de câmbio;
g. as sociedades de crédito, financiamento e investimento;
h. as sociedades de crédito ao microempreendedor;
i. as sociedades de crédito imobiliário e associações de poupança e empréstimo;
j. as sociedades de arrendamento mercantil;
k. as sociedades corretoras de títulos e valores mobiliários e câmbio;
l. as sociedades distribuidoras de títulos e valores mobiliários;
m. as cooperativas de crédito;

n. os fundos de investimento;

o. as companhias hipotecárias;

p. as agências de fomento ou de desenvolvimento;

q. as administradoras de consórcio;

r. as instituições de pagamento;

s. as sociedades de crédito direto e as sociedades de empréstimo entre pessoas;

t. empresas em liquidação extrajudicial. (Cosif, 2020, p. 1)

Sendo assim, as entidades listadas devem elaborar os demonstrativos com base no Cosif, padronizando-os e tendo como resultado a facilitação dos procedimentos de fiscalização e monitoramento realizados pelo BCB.

1.5.1 Objetivos do Cosif

Os objetivos do Cosif foram estabelecidos na Circular BCB n. 1.273/1987 e podem ser fragmentados em quatro:

1. uniformizar os registros contábeis;

2. racionalizar a utilização de contas;

3. estabelecer regras, critérios e procedimentos;

4. possibilitar o acompanhamento do SFN.

Até a publicação dessa norma, as instituições financeiras não dispunham de um critério padronizado do segmento bancário para ser seguido. A uniformidade oferecida pelo Cosif possibilitou um aprimoramento das rotinas de regulamentação setorial, conferindo maior relevância às informações contábeis geradas por essas organizações.

1.5.2 Princípios gerais do Cosif

Em consonância com os dispositivos contidos no Cosif, as organizações devem apurar o resultado semestralmente, com a data-base de 30 de junho e 31 de dezembro. Ainda existe a necessidade de evidenciação de informações mensais ao

BCB, com dados contábeis. Os métodos e critérios de apuração desses relatórios devem ser mantidos com vistas a uma adequada leitura das alterações observadas entre um período e outro. Caso modifique alguma metodologia de escrituração, com impactos relevantes, o banco deve informar a alteração em notas explicativas.

As organizações necessitam, ainda, atentar para a exatidão e a tempestividade dessas informações contábeis prestadas. A Circular BCB n. 1.273/1987 prevê que a inexatidão e os atrasos superiores a 15 dias do encerramento de cada mês podem gerar penalidades para a instituição, os administradores, gerentes, membros dos conselhos de administração, fiscal e semelhantes.

Além disso, é importante ressaltar que, embora existam metodologias de escrituração distintas das aplicadas nas demais sociedades, as regras do Cosif não suprimem a legislação fiscal e tributária. Dessa forma, ao contabilizar bens, direitos e obrigações aos padrões estabelecidos pelo BCB, é necessário verificar contradições em relação às normas fiscais. Se constatadas, a organização deve cumprir suas obrigações perante o Fisco.

No que tange ao profissional responsável pelo registro dos atos e fatos patrimoniais, a norma deixa expressa a necessidade do atendimento aos princípios contábeis, éticos e pertinentes ao sigilo da informação bancária. Eventuais irregularidades que envolvam esses padrões são comunicadas pelo BCB aos órgãos competentes para as devidas providências.

Por último, cumpre destacar que as contas de compensação são empregadas para o registro de atos administrativos que apresentem a potencialidade de transformar-se em direito, ganho, obrigação ou risco (BCB, 1987). Essas contas também são peculiaridades do plano de contas aplicado às instituições financeiras do SFN. Um dos exemplos de registro nesse grupo é a classificação de risco da carteira de crédito de um banco, que, conforme abordaremos no Capítulo 3, divide-se em oito segmentos, de acordo com o nível de risco.

1.5.3 Estrutura do Cosif

O Cosif (2020), para que atenda os objetivos a que se propõe, é dividido em quatro capítulos:

1. **Normas básicas** – Contém os procedimentos contábeis a serem seguidos pelas organizações, abrangendo instruções para os registros patrimoniais, as documentações e a auditoria.

2. **Elenco e função das contas** – Evidencia as contas integrantes do Ativo e do Passivo, com as respectivas rubricas contábeis, o título e a função. Esse detalhamento permite uniformizar os lançamentos contábeis, uma vez que descreve o que deve ser registrado em cada conta patrimonial.

3. **Documentos** – Arrola todos os documentos de cunho econômico, financeiro e contábil necessários para o atendimento das obrigatoriedades no BCB.

4. **Anexos** – Expõe normas editadas por outros órgãos, como o Comitê de Pronunciamentos Contábeis (CPC), recepcionadas pelo Cosif.

1.5.4 Elenco das contas

As contas no padrão Cosif, conforme informamos, apresentam rubricas contábeis para cada conta do balanço patrimonial. Essa codificação é composta de 8 dígitos, como discriminado no Quadro 1.1.

Quadro 1.1 – Codificação dos títulos contábeis

1º dígito	Determina o grupo de conta (Ativo Circulante, Ativo Permanente etc.), variando de 1 a 9.
2º dígito	Subgrupo
3º dígito	Desdobramentos dos subgrupos
4º e 5º dígitos	Títulos contábeis
6º e 7º dígitos	Subtítulos contábeis
8º dígito	Dígito de controle

Fonte: Elaborado com base em Cosif (2020).

O primeiro dígito, como exposto no Quadro 1.1, determina se a conta é de Ativo, de Passivo ou de Resultado. Utilizaremos essa divisão ao longo desta obra para acompanhamento dos lançamentos patrimoniais. Para tanto, considere as informações contidas no manual do Cosif (2020), que prevê a seguinte divisão das contas patrimoniais:

1. Ativo Circulante e Ativo Não Circulante;
2. Ativo Permanente;
3. Contas de Compensação do Ativo;
4. Passivo Circulante e Exigível a Longo Prazo;
5. Resultado de Exercícios Futuros;
6. Patrimônio Líquido;
7. Contas de Resultado Credoras;
8. Contas de Resultado Devedoras;
9. Contas de Compensação do Passivo.

Além dessa codificação dos títulos contábeis, o manual apresenta atributos para cada conta. Trata-se de um código alfabético que determina quais instituições podem utilizar cada título evidenciado no plano de contas. Nesse caso, tem-se por exemplo a letra "U" para designar bancos múltiplos, "W" para companhias hipotecárias, "L" para o Banco do Brasil. Dessa forma, para que a organização verifique a possibilidade de utilizar determinada codificação contábil, basta consultar o atributo em que consta o rol de instituições autorizadas a empregar o título.

Para facilitar o entendimento sobre essa característica, tomemos como exemplo a conta Caixa, que recebe duas codificações numéricas. O título 1.1.1.10.00-6 pode ser empregado por todas as organizações autorizadas, exceto o grupo de consórcio e empresas em liquidação extrajudicial, que necessitam empregar o código 1.1.1.90.00-2. Logo, o código dos títulos contábeis, disponibilizado no plano de contas para as instituições financeiras, é acompanhado de atributos que indicam quais títulos podem ser empregados para cada instituição. Essa discriminação permite que o BCB mantenha um controle macro sobre os valores registrados em cada rubrica contábil.

Perguntas & respostas

1. **O SFN é constituído por órgãos normativos e órgãos de supervisão. Quais são essas entidades?**

    - **Orgãos normativos** – Conselho Monetário Nacional (CMN), Conselho Nacional de Seguros Privados (CNSP) e Conselho Nacional de Previdência Complementar (CNPC).

    - **Entidades supervisoras** – Banco Central do Brasil (BCB), Comissão de Valores Mobiliários (CVM), a Superintendência de Seguros Privados (Susep), Superintendência Nacional de Previdência Complementar (Previc).

2. **No âmbito do mercado financeiro, é usual a utilização da terminologia *spread bancário*, principalmente no estabelecimento da precificação das operações de crédito. O que significa essa nomenclatura?**

    Spread bancário representa a diferença, em pontos percentuais, entre os juros de empréstimos e a taxa de captação financeira.

3. A previdência complementar é uma alternativa apresentada aos investidores que desejam garantir uma renda futura, a título de aposentadoria. Além desse benefício, existe a possibilidade de se utilizar esses recursos para planejamento tributário. Em que consistem as modalidades de previdência complementar, em seus respectivos benefícios tributários?

O PGBL permite a utilização dos valores pagos nas parcelas para redução da base de cálculo do IR. Nesse caso, no momento do resgate do investimento, há incidência de IR sobre o total do valor (capital e rendimentos). Por sua vez, no VGBL, embora o aplicador não conte com o benefício do IR, no momento do resgate, há tributação somente sobre o rendimento auferido no período.

4. O Banco Beta, em janeiro de 2018, concedeu um empréstimo financeiro a uma empresa atuante no comércio varejista de móveis, na grande São Paulo. O contrato foi formalizado às pressas, já que o banco tinha interesse em desembolsar o crédito ainda no mês de janeiro, cumprindo os objetivos institucionais. Diante desses fatos, quais seriam dois riscos identificáveis dessa transação realizada pelo Banco Beta?

Na edição e na contratação da operação, o banco está suscetível a riscos operacionais que podem comprometer a eficácia do instrumento de formalização. Além disso, por se tratar de concessão de crédito, a organização ainda deve considerar os riscos de crédito, que representam a probabilidade de o valor emprestado não retornar aos cofres da instituição bancária.

Para saber mais

Documentos

Acesse este documento no *site* do BCB para entender mais sobre a taxa Selic:

BCB – Banco Central do Brasil. **Taxa Selic**. 2020. Disponível em: <https://www.bcb.gov.br/controleinflacao/taxaselic>. Acesso em: 11 ago. 2020.

A implantação do Cosif foi relevante para a padronização dos procedimentos contábeis na área bancária. Para conferir detalhes sobre isso, acesse o manual na íntegra em:

COSIF – Plano Contábil das Instituições do Sistema Financeiro Nacional. **Manual de normas do Sistema Financeiro**. Brasília: BCB. Disponível em: <https://www3.bcb.gov.br/aplica/cosif/completo>. Acesso em: 11 ago. 2020.

Filme

Este longa-metragem relata a vida de um investidor da bolsa de valores de Nova York diante da possibilidade de obter lucros com a variabilidade dos ativos. Ver a atuação do personagem é uma interessante forma de compreender o dinamismo da bolsa de valores.

WALL Street: poder e cobiça. Direção: Oliver Stone. EUA, 1987. 125 min.

Síntese

Neste capítulo, descrever a estrutura do Sistema Financeiro Nacional brasileiro. Para atingir esse propósito, indicamos a hierarquia do SFN com a função de cada órgão normativo e de supervisão. Conceituamos, ainda, juros, *spread* bancário e riscos, que influenciam diretamente os resultados das instituições atuantes na intermediação financeira, bem como os produtos que são de negociação permitida no âmbito do SFN. Por último, explicamos de modo sintético como funciona o Plano Contábil das Instituições Financeiras (Cosif).

Com base nisso, fornecemos uma visão geral do SFN, com elementos introdutórios para inserção da contabilidade aplicada nas instituições financeiras.

Questões para revisão

1. (Cesgranrio – 2012 – Banco do Brasil) O Sistema Financeiro Nacional é formado por um conjunto de instituições voltadas para a gestão da política monetária do Governo Federal, cujo órgão deliberativo máximo é o Conselho Monetário Nacional.

   As funções do Conselho Monetário Nacional (CMN) são:
   a) assessorar o Ministério da Fazenda na criação de políticas orçamentárias de longo prazo e verificar os níveis de moedas estrangeiras em circulação no país.
   b) definir a estratégia da Casa da Moeda, estabelecer equilíbrio das contas públicas e fiscalizar as entidades políticas.
   c) estabelecer as diretrizes gerais das políticas monetária, cambial e creditícia, regular as condições de constituição, funcionamento e fiscalização das instituições financeiras e disciplinar os instrumentos das políticas monetária e cambial.
   d) fornecer crédito a pequenas, médias e grandes empresas do país e fomentar o crescimento da economia interna a fim de gerar um equilíbrio nas contas públicas, na balança comercial e, consequentemente, na política cambial.
   e) secretariar e assessorar o Sistema Financeiro Nacional, organizando as sessões deliberativas de crédito e mantendo seu arquivo histórico.

2. O Comitê de Políticas Monetárias, criado pela Circular BCB n. 2.698/1996 (Brasil, 1996a), desempenha um papel importante no contexto econômico nacional em razão de sua atuação. Diante dessa realidade, quais são os objetivos desse Comitê que permitem uma atuação relevante perante a situação econômica do país?

3. (FGV – 2014 – BNB) O Banco Central do Brasil (BC ou Bacen) foi criado pela Lei n. 4.595, de 31/12/1964, para atuar como órgão executivo central do sistema financeiro, tendo como funções cumprir e fazer cumprir as disposições que regulam o funcionamento do sistema e as normas expedidas pelo CMN (Conselho Monetário Nacional). Entre as atribuições do Banco Central estão:

   a) emitir papel-moeda, exercer o controle do crédito e exercer a fiscalização das instituições financeiras, punindo-as quando necessário.

   b) determinar as taxas de recolhimento compulsório, autorizar as emissões de papel-moeda e estabelecer metas de inflação.

   c) regulamentar as operações de redesconto de liquidez, coordenar as políticas monetárias creditícia e cambial e estabelecer metas de inflação.

   d) regular o valor interno da moeda, regular o valor externo da moeda e zelar pela liquidez e solvência das instituições financeiras.

   e) determinar as taxas de recolhimento compulsório, regular o valor interno e externo da moeda e autorizar as emissões de papel-moeda.

4. (Idecan – 2012 – Banestes) Sobre os riscos inerentes ao sistema econômico e financeiro, relacione corretamente as colunas a seguir.

1. Risco de liquidez.
2. Risco de mercado.
3. Risco operacional.
4. Risco legal.
5. Risco sistêmico.

( ) Risco de perdas nas posições de balanço e extra balanço.

( ) Variação desfavorável de retorno devido à falta de negociabilidade de um instrumento financeiro por preços alinhados com vendas recentes. Esse risco pode surgir em função do tamanho de determinada posição em relação aos volumes usuais de negociação ou da instabilidade das condições de mercado.

( ) Risco de que a inadimplência de um participante com suas obrigações em um sistema de transferência, ou em geral, nos mercados financeiros, possa fazer com que outros participantes ou instituições financeiras não sejam capazes de cumprir com suas obrigações. Essa inadimplência pode causar problemas significativos de liquidez ou de crédito e poderia ameaçar a estabilidade dos mercados financeiros.

( ) Risco de haver erro humano ou falha de equipamentos, programas de informática ou sistema de telecomunicações imprescindíveis ao funcionamento de determinado sistema.

( ) O risco de que uma parte sofra uma perda porque as leis ou regulações não dão suporte às regras do sistema de liquidação de valores mobiliários, à execução dos arranjos de liquidação relacionados ou aos direitos de propriedade e outros interesses que são mantidos pelo sistema de liquidação.

A sequência está correta em:
a) 1, 2, 3, 4, 5
b) 4, 1, 5, 3, 2
c) 3, 4, 5, 2, 1
d) 2, 1, 5, 3, 4
e) 2, 1, 3, 4, 5

5. Em 1987, por meio da Circular BCB n. 1.273/1987, foi introduzido o Plano Contábil das Instituições Financeiras do Sistema Financeiro Nacional (Cosif). Nesse regramento, consta o grupo de contas intitulado como *de Compensação*. O que são essas contas?

Questão para reflexão

1. O Cosif é um conjunto de regras contábeis de observância obrigatória para organizações atuantes no SFN. Na definição dos seus princípios gerais, são mencionados os objetivos da existência desse plano de contas, padronizados para organizações financeiras. Que benefícios essa padronização tem a potencialidade de trazer para as instituições financeiras e para o BCB?

Arrendamento mercantil (leasing) 2

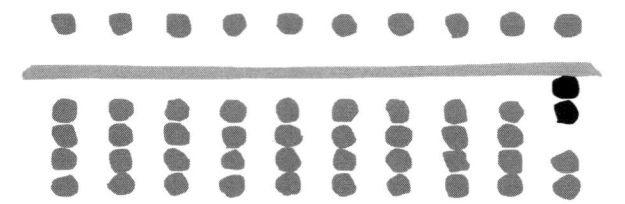

Conteúdos do capítulo

- Arrendamentos mercantis na visão do arrendatário.
- Tomada de decisão em arrendamento mercantil.
- Arrendamentos mercantis na visão do arrendador.
- Superveniência e insuficiência de depreciação.
- Procedimentos contábeis do Pronunciamento Técnico CPC 06 para o arrendador.

Após o estudo deste capítulo, você será capaz de:

1. descrever o arrendamento mercantil na visão do arrendatário e do arrendador;
2. analisar aspectos financeiros para tomada de decisão nas operações de arrendamento mercantil;
3. explicar superveniências e insuficiências de depreciação;
4. identificar os aspectos normativos atinentes ao CPC 06, na visão do arrendador.

$\mathcal{A}$o se deparar com o título deste capítulo, talvez, uma das primeiras imagens que tenha passado em sua mente tenha sido a de um contrato de aluguel, o qual, por vezes, é celebrado com intuito de usufruir dos direitos de uso de um bem, como casa, veículos ou máquinas. De fato, contratos de aluguel muito se assemelham aos de arrendamento, uma vez que concedem os diretos de uso de um bem mediante pagamentos periódicos de determinado valor. Nesse sentido, com base nessa consideração, percebe-se que os dois conceitos apresentam certa homogeneidade.

De acordo com o item 9 do CPC 06 (R2) (CPC, 2017, p. 3), um contrato é considerado *leasing* quando "transmite o direito de controlar o uso de ativo identificado por um período de tempo em troca de contraprestação". Perceba que o conceito está intimamente relacionado às ações de transmissão de direito de uso de certo bem e pagamentos periódicos pela aquisição desse direito. Na literatura, as partes que se relacionam nesse tipo de contrato são designadas *arrendador* e *arrendatário*.

O arrendador, de acordo com a classificação da Lei n. 7.132, de 26 de outubro de 1983 (Brasil, 1983), é a pessoa jurídica que adquire o bem de acordo com as especificações da arrendatária. Esta última parte do contrato, segundo o mesmo dispositivo legal, é representada por uma pessoa física ou jurídica que usufruirá dos direitos de uso do bem arrendado. Sendo assim, o arrendador seria a organização devidamente regulada no Sistema Financeiro Nacional (SFN), supridora dos bens a serem arrendados pela arrendatária.

Além disso, não podemos deixar de destacar a importância das operações de *leasing* no contexto econômico nacional. De acordo com dados do Banco Central do Brasil (BCB), somente em 2017 mais de 5 bilhões de reais foram contabilizados como receitas oriundas de operações de *leasing* (BCB, 2020b). Por consistir em uma operação caracterizada pelo arrendamento de bens de capital, entende-se que esse montante foi direcionado para a compra de máquinas, equipamentos e veículos, colaborando para o processo produtivo do país.

Levando em consideração a relevância dessas operações de arrendamento mercantil, discorreremos sobre essa temática nas próximas seções deste capítulo.

2.1 Arrendamento mercantil na visão do arrendador

Os contratos de arrendamento mercantil, também conhecidos como *leasing*, guardam características próprias que os diferem de um acordo de aluguel, por exemplo. Trata-se da possibilidade existente, no final do contrato, de comprar o bem arrendado, o que não ocorre com os pactos de locação. Essa característica, conforme mencionado por Gelbcke et al. (2018), está presente nas operações de arrendamento mercantil financeiro, que exporemos a seguir. Além dessas considerações, ainda devemos lembrar que há uma maneira própria de contabilização do *leasing*, a qual também discutiremos nas próximas seções. Sendo assim, embora possamos dizer que arrendamento mercantil é semelhante a um aluguel, não podemos considerar essas terminologias como sinônimos, haja vista as divergências apresentadas.

Para os bancos, que figuram como arrendadores, os contratos de *leasing* também representam uma fonte de aplicação de recursos, cujo intuito é obter resultados positivos. Além da remuneração que é embutida nas contraprestações, as operações de arrendamento mercantil apresentam um índice de inadimplência inferior ao da carteira de crédito bancária. De acordo com dados divulgados pela Associação Brasileira das Empresas de *Leasing* (Abel), em dezembro de 2017, 4,39% das operações de crédito no SFN apresentaram um atraso de 15 a 90 dias (Abel, 2017). Nesse mesmo período, a carteira total de *leasing* registrou um percentual de 2,20% para o mesmo indicador. Obviamente, essa diferenciação de índices também é influenciada pela existência de um bem de referência que, durante o contrato, permanece como propriedade legal do arrendador. De qualquer forma, como mostraremos nos próximos capítulos, a redução da inadimplência tem repercussão positiva nos resultados das organizações bancárias.

2.1.1 Classificação das operações de arrendamento mercantil

As operações de arrendamento mercantil são apresentadas em duas modalidades: 1) operacional e 2) financeira. Essa classificação é derivada das normas do IAS 17 (International Accounting Standard), que no Brasil foram transcritas no CPC 06 (R2) (CPC, 2017). De acordo com esse regramento, o que difere essas duas alternativas são basicamente os benefícios e riscos decorrentes da propriedade do bem. Por riscos, nesse contexto, entendem-se as possibilidades de perdas no valor do bem que possam gerar prejuízos financeiros, como obsolescência tecnológica e descontinuidade operacional. Por sua vez, os benefícios são aqueles decorrentes da venda do imobilizado, com a qual se pode obter um montante superior ao valor residual.

2.1.1.1 Arrendamento mercantil operacional

Nas operações de arrendamento mercantil operacional, os riscos e benefícios não são transferidos ao arrendador. Neste caso, a pessoa física ou jurídica que contrata a operação de *leasing* fornecida pela arrendatária deve, no final do contrato, devolver o bem de referência ou buscar uma renovação.

O art. 6º da Resolução BCB n. 2.309, de 28 de agosto de 1996 (BCB, 1996b), menciona outras características que favorecem a discriminação desse tipo de contrato.

> Art. 6º Considera-se arrendamento mercantil operacional a modalidade em que:
>
> I – as contraprestações a serem pagas pela arrendatária contemplem o custo de arrendamento do bem e os serviços inerentes a sua colocação à disposição da arrendatária, não podendo o valor presente dos pagamentos ultrapassar 90% (noventa por cento) do "custo do bem";
> II – o prazo contratual seja inferior a 75% (setenta e cinco por cento) do prazo de vida útil econômica do bem;
> III – o preço para o exercício da opção de compra seja o valor de mercado do bem arrendado;
> IV – não haja previsão de pagamento de valor residual garantido.

Com relação à contabilização, o CPC 06 (R2) (CPC, 2017) ainda estabelece algumas peculiaridades referentes a esse tipo de contrato. Em conformidade com o item 81 do documento, o arrendador deve reconhecer os recebimentos como receita pelo método linear ou em outra base sistemática. Para Iudícibus et al. (2010), essa orientação é decorrente da semelhança entre esse tipo de arrendamento e o contrato de aluguel.

No que tange à divulgação desse tipo de contrato, o item 89 do mencionado pronunciamento técnico determina que o arrendador deve evidenciar as receitas do arrendamento em separado dos recebimentos variáveis que não dependam de índice ou taxa.

2.1.1.2 Arrendamento mercantil financeiro

O contrato de *leasing* financeiro, em oposição ao operacional, transfere riscos e benefícios para o arrendatário (CPC, 2017). Na normatização a respeito dessa modalidade, a Resolução BCB n. 2.309/1996 acrescenta que as contraprestações pagas pela arrendatária devem ser suficientes para recuperar o custo do bem durante o período de vigência do contrato. Além disso, essa regra estipula que as despesas relacionadas à manutenção do bem são de responsabilidade daquele que detém o controle do ativo. Em outros termos, embora não exista a posse do bem, a normatização regula uma tratativa contábil baseada na essência do contrato, que pressupõe interesse de compra do item arrendado.

Essa compra do bem geralmente ocorre no fim do contrato entre a arrendatária e a instituição financeira. Atendendo à Lei n. 6.099, de 12 de setembro de 1974 (Brasil, 1974), o contrato não é formalizado com a obrigatoriedade de compra do bem. Acontece que, na prática, o valor residual geralmente é inferior às condições de mercado, direcionando a decisão da arrendatária.

No tocante ao prazo dos contratos de *leasing*, a Resolução BCB n. 2.309/1996 determina somente uma limitação mínima para esses tipos de acordo. Dessa forma, para bens de vida útil igual ou inferior a cinco anos, os contratos devem ser celebrados por um prazo mínimo de dois anos. Para os demais casos, as instituições arrendatárias não poderão pactuar um arrendamento mercantil por um período inferior a três anos.

2.1.1.3 *Leasing back*

A operação de *leasing back* representa uma possibilidade, disponível para pessoa jurídica, de levantar recursos a título de capital de giro. Nessa modalidade, a empresa vende um bem, móvel ou imóvel, para uma instituição de arrendamento mercantil, celebrando um contrato de *leasing*. De acordo com a Lei n. 12.973, de 13 de maio de 2014 (Brasil, 2014), esse tipo de operação também goza de benefícios fiscais, que devem ser considerados no momento da contratação.

Para facilitar o entendimento, imagine que a empresa Alfa, que possui bens livres de ônus, esteja necessitando de capital de giro. Nessa situação, essa entidade poderia angariar recursos na modalidade de *leasing back* realizando os seguintes procedimentos:

- selecionar um bem de sua propriedade e vendê-lo para uma instituição de arrendamento mercantil;
- celebrar um contrato de arrendamento com a instituição mediante a definição de condições semelhantes ao *leasing* financeiro.

Dessa forma, a organização teria o recurso financeiro para capital de giro e ainda continuaria utilizando o bem de referência do contrato. Salientamos que a empresa, no que concerne aos procedimentos de escrituração patrimonial, deve registrar a venda do ativo e posteriormente escriturar a operação de *leasing* financeiro, conforme detalharemos a seguir.

2.1.2 Plano Contábil das Instituições Financeiras do Sistema Financeiro Nacional (Cosif) *versus* Comitê de Pronunciamentos Contábeis (CPC)

Antes de adentramos nos procedimentos contábeis pertinentes às operações de arrendamento mercantil, é importante destacar a existência de incoerências normativas no Brasil. De acordo com a Circular BCB n. 1.429, de 20 de janeiro 1989 (BCB, 1989), os bens arrendados devem figurar como Ativo das arrendadoras. Por sua vez, os preceitos emanados pelo CPC 06 (R2), inspirados na norma internacional (IFRS – International Financial Reporting Standards), orientam que o registro deve ocorrer somente no Ativo das organizações arrendatárias.

A principal razão da incongruência entre esse procedimento normativo e a primazia contábil que prioriza a essência econômica sobre a forma reside no fato de que o bem, objeto do arrendamento mercantil, é usufruído em sua capacidade produtiva pela arrendatária. Além do mais, Iudícibus (2006) assinala que os contratos de *leasing* são uma forma de compra financiada, uma vez que usualmente o bem, ao final do contrato, é transferido para o arrendatário.

De todo modo, até que exista uma convergência entre as normas internacionais de contabilidade nessa temática, o procedimento adequado para as instituições financeiras continuará a ser a consideração dos aspectos jurídicos dessa movimentação. Esse procedimento tem de ser mantido até que o BCB recepcione as orientações internacionais de contabilização das operações de arrendamento mercantil.

2.1.3 Depreciação

Segundo as orientações do BCB contidas no Cosif, as instituições arrendadoras, muito embora não estejam utilizando os bens arrendados para sua atividade, devem depreciá-los mensalmente. Esses procedimentos também são amparados pela legislação tributária, que permite que as despesas com depreciação desses bens reduzam a base de cálculo de incidência do Imposto de Renda Pessoa Jurídica (IRPJ) e a Contribuição Social sobre o Lucro Líquido (CSLL). Dessa forma, é possível inferir que a instituição financeira estaria obtendo benefícios tributários ao figurar como arrendador.

Ainda sobre o procedimento de depreciação, o Ministério da Fazenda, mediante a Portaria n. 140, de 27 de julho de 1984 (Brasil, 1984), estabelece que, no cálculo da quota de Depreciação de Bens objeto de arrendamento mercantil, o prazo da vida útil normal admissível é reduzido em 30%. Portanto, caso o bem tenha uma vida útil de 60 meses, pode-se depreciá-lo integralmente em 42 parcelas. Essa característica também tem implicações para o contrato de arrendamento, justamente em razão de questões tributárias. Perceba, então, que a depreciação contabilizada pelas instituições financeiras, na qualidade de arrendador, segue as orientações da legislação tributária e do BCB.

Com base nessas implicações, em primeiro lugar, está a consequência mais notória em uma elevação da parcela depreciável de um bem: redução da base de cálculo para IRPJ e CSLL. Isso ocorre porque a depreciação representa uma despesa dedutível para apuração do valor em que efetivamente incidirão esses impostos. Por conseguinte, pode-se inferir, as operações de *leasing* acarretam uma diminuição dos impostos que os bancos pagam. Lembre-se de que, caso fosse uma operação de financiamento de um bem, a instituição financeira não teria essa prerrogativa da legislação tributária, pois o ativo estaria sendo depreciado normalmente pela empresa contratante do financiamento.

Em segundo lugar, há reflexos dessa diminuição dos impostos nos encargos financeiros dos contratos de arrendamento mercantil. Como os bancos são beneficiados pela legislação tributária no que tange à depreciação, as taxas de juros das operações de *leasing* mostram-se mais vantajosas em comparação com um financiamento convencional. Ao menos, isso deveria ser uma implicação natural dos encargos caso os bancos estivessem buscando o mesmo montante de margem de contribuição para os dois tipos de operações de crédito.

2.1.4 Tributação

Um dos fatores que interferem na taxa de juros incidente nos contratos de arrendamento mercantil é a carga tributária. No caso das operações de *leasing*, o regramento brasileiro estabelece que esses contratos estão sujeitos ao Imposto sobre Serviços (ISS). Além disso, diferentemente dos empréstimos, não há incidência do Imposto sobre Operações Financeiras (IOF). A seguir, discutiremos algumas questões basilares a respeito desses dois impostos.

No que tange ao ISS, convém citar que a alíquota varia conforme o município do tomador do serviço. O art. 8º da Lei n. 116, de 31 de julho 2003 (Brasil, 2003), define que essa alíquota será estabelecida por cada município, devendo ficar entre 2% e 5%. Assim sendo, se a empresa arrendatária está estabelecida, por exemplo, em Curitiba e contrata uma operação de arrendamento financeiro com um banco estabelecido em Brasília, o ISS será devido à cidade de Curitiba.

É também oportuno mencionar que a condição atual de destinação do ISS para o município onde foi prestado o serviço de arrendamento mercantil é um advento da recente alteração promovida pela Lei Complementar 157, de 29 de dezembro de 2016 (Brasil, 2017). Até então, o ISS era devido ao município-sede da instituição financeira. Essa mudança suscitou maior concorrência entre as instituições financeiras, que, na apresentação de uma proposta à arrendatária, são tributadas com o mesmo percentual de ISS. Por outro lado, elevou-se substancialmente a necessidade de informações por parte dos bancos, que agora necessitam dispor das alíquotas vigentes no município-sede da arrendatária para o cumprimento do dever legal com relação à fazenda pública.

No que tange ao IOF, o Decreto n. 6.306, de 14 de dezembro de 2007 (Brasil, 2007), determinou que as operações de arrendamento mercantil, contratadas a partir de 2 de abril de 2013, devem ser tributadas com alíquota zero. Sendo assim, esse benefício fiscal reduz os custos financeiros de uma operação de *leasing* quando comparado aos empréstimos convencionais.

2.1.5 Contraprestações e valor residual garantido (VRG)

O desembolso realizado pela arrendatária, em um contrato de arrendamento mercantil, tendo como base as orientações normativas do CPC 06 (R2) (CPC, 2017), é constituído por três elementos: 1) a contraprestação, 2) o valor residual garantido (VRG) e 3) os encargos. Essas partes, além de representarem o montante a ser pago, direcionam as decisões referentes à precificação do negócio, tendo em vista afetar aspectos tributários atinentes à operação de *leasing*.

Partindo dessa premissa, destaca-se que as contraprestações representam os valores pagos a título de "aluguel" pelos bens arrendados. Na contabilidade, que considera a essência econômica do fato, esse valor representa Receitas para a arrendadora e Despesas para a arrendatária. Sendo assim, para efeito tributário, essa parcela integra a base de cálculo do IR e CSLL do arrendador.

Além das contraprestações, quando o contrato é de arrendamento financeiro, o arrendador ainda pode se deparar com o valor residual garantido. Essa expressão é utilizada para discriminar o montante a ser pago, que concede à arrendatária, no final do contrato, a opção de: comprar o bem, devolvê-lo, ou estender o contrato por mais um período, usufruindo dos benefícios do item arrendado. Usualmente, os valores fixados a título de VRG podem ser pagos antecipadamente, diluídos nas prestações ou no final do período.

Com base nessas informações acerca dos elementos que podem compor os desembolsos mensais a serem realizados em um contrato de arrendamento mercantil, analisaremos agora uma exemplificação de uma situação hipotética.

Considere que uma empresa arrendatária brasileira está contratando uma operação de *leasing* financeiro que permitirá a utilização de uma máquina no valor de R$ 100.000,00, com vida útil de 10 anos. O banco arrendador informa que, para esse contrato, o prazo será de 36 meses, com uma taxa de juros de 1% ao mês, não sendo necessário desembolso inicial.

Nesse caso, para o cálculo dos desembolsos a serem realizados, é imprescindível a definição do percentual, bem como do momento em que será exigido o VRG. Essas informações são determinadas no momento da contratação e alteram os custos para o arrendador.

Preste atenção!

Quanto maior for o VRG, menor será a receita para a instituição financeira. As contraprestações (valor sem o VRG) são contabilizadas como Receitas, influenciando a base de cálculo para o IR e o CSLL. Portanto, se for mantida a mesma taxa de juros, será preferível para o banco contratar a operação que apresente o maior VRG.

Para tanto, considere as seguintes opções apresentadas pelo banco arrendador, de forma exemplificativa, uma vez que o percentual de VRG é variável:

a) 50% de VRG diluído nas prestações

Para esta situação, o cálculo da prestação periódica é semelhante aos demais contratos de financiamento, realizados pelo sistema de amortização constante (SAC):

$$PMT = PV\left[\frac{(1+i)^n \cdot i}{(1+i)^n - 1}\right]$$

Em que:
PV = valor presente
PMT = valor do pagamento periódico
i = taxa de juros
n = quantidade de prestações

$$PMT = PV\left[\frac{(1+0{,}01)^{36} \cdot 0{,}01}{(1+0{,}01)^{36} - 1}\right]$$

$$PMT = 3.321{,}43$$

Observe que o valor apresentado como prestação a ser desembolsada mensalmente é R$ 3.321,43, já contemplando as contraprestações e o VRG. Para separar da parcela estes últimos valores, haja vista que serão discriminados nos demonstrativos contábeis, deve-se identificar o montante de VRG contido em cada prestação, de acordo com a fórmula:

$$\text{VRG total} = (\text{valor do bem}) \times (\text{\% de VRG})$$

$$\text{VRG mensal} = \frac{\text{VRG total}}{\text{n}^\circ \text{ de prestações}}$$

Portanto:

$$\text{VRG total} = 100.000 \times 50\%$$

$$\text{VRG total} = 50.000$$

$$\text{VRG mensal} = \frac{50.000}{36}$$

$$\text{VRG mensal} = 1.388{,}89$$

Sendo assim, a prestação seria de R$ 3.321,43, dos quais R$ 1.388,89 condiriam a VRG, e R$ 1.932,54, a contraprestação.

b) 5% de VRG pagos no final

Quando o VRG é liquidado com a última parcela do contrato, descriminam-se os desembolsos mensais da seguinte maneira[1]:

$$PMT = \left\{ 95.000 \left[\frac{(1 + 0,01)^{36} \cdot 0,01}{(1 + 0,01)^{36} - 1} \right] \right\} + 5.000 \times 0,01$$

$$PMT = 2.305,36$$

Perceba que o montante que figurou como valor presente na fórmula é representado somente por 95.000, que nesse caso corresponde ao valor do bem menos o VRG (100.000 − 5.000). O VRG, por outro lado, deve compor a base de cálculo dos Encargos, razão pela qual aparece na fórmula com incidência da taxa de juros.

Sendo assim, o PMT evidenciado refere-se aos desembolsos a serem realizados até o 35º mês – na última prestação, além desse montante, será necessário liquidar o VRG no valor de R$ 5.000,00 no final do contrato. Portanto, o fluxo de caixa para a operação em questão seria:

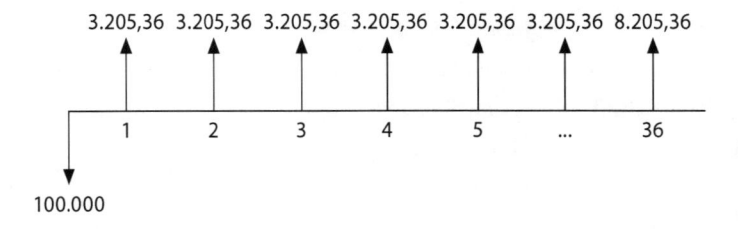

```
      3.205,36  3.205,36  3.205,36  3.205,36  3.205,36  3.205,36  8.205,36
          ↑         ↑         ↑         ↑         ↑         ↑         ↑
    ┬─────────┬─────────┬─────────┬─────────┬─────────┬─────────┬
          1         2         3         4         5        ...       36
    ↓
100.000
```

Ao analisar essas duas alternativas (50% do VRG diluído na prestação e 5% pagos no final), você provavelmente concluiu que o banco fará a opção de contratar aquela que apresenta o maior VRG. Perceba que, mesmo sendo a mesma prestação, há alteração na base de cálculo para o IR e CSLL.

---

[1] Pode-se utilizar uma calculadora HP 12 para proceder ao cálculo. Nesse caso, realize os seguintes comandos em sua máquina: 95.000 (CHS) (PV) → 36 (n) → 1 (i) → 5.000 (FV) (PMT)

c) 5% de VRG antecipado

Para casos em que há pagamento de VRG antecipado, o que equivaleria a uma entrada realizada em um financiamento convencional, os encargos são reduzidos em função da diminuição do montante do contrato de arrendamento. Dessa forma, a arrendatária deveria desembolsar o montante apresentado no cálculo a seguir:

$$PMT = 95.000 \left[\frac{(1 + 0,01)^{36} \cdot 0,01}{(1 + 0,01)^{36} - 1} \right]$$

$$PMT = 3.153,36$$

Conforme se pode observar, o valor que deverá compor a obrigação mensal a pagar é de R$ 3.153,36. Esse montante é constituído unicamente de contraprestações, haja vista o pagamento antecipado do VRG.

Diante dessas constatações, você pode estar se perguntando: "Se, independentemente do valor do VRG, as prestações mantêm-se inalteradas, qual é a diferença para o arrendador?".

Conforme informamos, as contraprestações representam receitas para o arrendador, e consequentemente base de cálculo para IR e CSLL. Dessa forma, quanto maior for o VRG, menores serão as despesas tributárias para o banco. Sendo assim, certamente você concluiu que, nos exemplos apresentados anteriormente, o cenário que traria melhor retorno para a instituição seria o VRG diluído.

Outro ponto importante a ser ressaltado nos exemplos elencados é a taxa de juros utilizada, que se manteve inalterada para todas as formatações apresentadas. No entanto, em uma situação real esse fato dificilmente ocorreria. Usualmente, em razão das questões tributárias mencionadas, bem como do momento de sua liquidação, os encargos financeiros do contrato podem sofrer alterações.

2.1.6 Benefícios fiscais

Talvez um dos maiores diferenciais do arrendamento mercantil financeiro, em comparação com as operações de crédito tradicionais, sejam os benefícios fiscais. De acordo com o art. 11 da Lei n. 6.099/1974, as contraprestações pagas pela arrendatária são consideradas despesa operacional, deduzindo-se a base de cálculo de incidência do IR e CSLL. Obviamente, empresas que estejam sendo tributadas pelo lucro real não podem gozar desse incentivo fiscal.

Ademais, as operações de *leasing* contam com a não incidência do IOF. Este benefício pode representar uma economia financeira para aqueles que desejam adquirir bens e não dispõem de recursos financeiros para compra à vista.

2.1.7 Contabilização do contrato de arrendamento mercantil

Para a correta escrituração das operações de arrendamento mercantil, as instituições financeiras devem seguir alguns procedimentos previamente definidos pelo ordenamento legal. As normas para essa finalidade estão descritas na Lei n. 6.099/1974, com as alterações realizadas pela Lei n. 7.132/1983, e no item 1.7 do Cosif (2020). Essas orientações direcionam a escrituração patrimonial, que vai desde a aquisição do bem pela arrendadora até o reconhecimento mensal das contraprestações.

Com base nessas considerações, destaca-se que uma das primeiras movimentações patrimoniais é a aquisição do ativo que será objeto do contrato de arrendamento. De acordo com o art. 3º da Lei n. 6.099/1974, esse bem adquirido em nome da instituição financeira deve figurar no Ativo Imobilizado, mesmo após a celebração do contrato jurídico de arrendamento. Em outras palavras, seria um registro contábil baseado na forma jurídica, opondo-se aos padrões internacionais de contabilidade (ou seja, ao IFRS), como afirmamos anteriormente.

Além de reconhecer o bem arrendado no Ativo Imobilizado, os bancos precisam registrar as contraprestações, objeto do contrato formalizado com a arrendatária. De acordo com o Cosif (2020) no item 1.7.2, a soma de todas as contraprestações deve ser registrada a débito na conta Operações de Arrendamento Mercantil, tendo como contrapartida a conta Rendas a Apropriar de Arrendamento Financeiro.

Soma-se a isso a contabilização do VRG, que também é amparado pelos procedimentos do Cosif. Para esse normativo, o valor do resíduo deve ser contabilizado a débito na conta de Ativo Valores Residuais a Realizar e, como contrapartida, registrado um valor de crédito na conta retificadora de Ativo Valores Residuais a Balancear.

Para ilustrarmos esses procedimentos, tomemos o mesmo exemplo elencado na Seção 2.1.5, mas, neste momento, partiremos de uma visão contábil da instituição financeira arrendatária. Para tanto, façamos uma retomada da caracterização da operação contratada.

- Valor do bem arrendado: R$ 100.000,00
- Data da contratação: 2 de janeiro
- Data base do vencimento das parcelas: dia 10 com vencimento postecipado
- Taxa de juros: 1% a.m.
- VRG: R$ 5.000,00 (5% pago no final do contrato)
- Contraprestações: R$ 3.205,36
- Prazo de arrendamento: 36 meses
- Vida útil do bem arrendado: 120 meses

O procedimento inicial, quando do registro da aquisição do bem, do reconhecimento do arrendamento e dos resíduos, deve ocorrer da seguinte forma:

Tabela 2.1 – Contabilização de arrendamento mercantil

	Código da conta	Débito	Crédito
a. Pela aquisição do bem			
Bens Arrendados	2.3.2.10.60-2 (AP)	100.000,00	
Banco Conta Depósito	1.1.2.80.00-8 (AC)		100.000,00
b. Contabilização do arrendamento			
Arrendamento Financeiro a Receber	1.7.1.20.00-0 (AC)	115.392,96	
Rendas a Apropriar de Arrendamento Financeiro	1.7.1.97.00-1 (AC)		115.392,96
c. Contabilização do resíduo			
Valores Residuais a Realizar	1.7.5.10.00-2 (AC)	5.000,00	
Valores Residuais a Balancear	1.7.5.95.00-3 (AC)		5.000,00

Nota: AC = Ativo Circulante; AP = Ativo Permanente.

Note que o montante registrado no Ativo, referente ao arrendamento mercantil, é a soma de todas as contraprestações: 36 × 3.205,36.

Após esse registro inicial, é necessário escriturar as movimentações mensais referentes às contraprestações. De acordo com a orientação contida no item 1.7 do Cosif (2020), no transcorrer do período de vigência do contrato, em consonância com o regime de competência, a instituição financeira deve reconhecer as receitas oriundas da operação de arrendamento mercantil, quando estas se tornarem exigíveis. Sendo assim, dando continuidade ao exemplo em análise, no encerramento do primeiro mês, a instituição financeira deve efetuar o seguinte lançamento contábil (Tabela 2.2), reconhecendo a receita derivada do arrendamento mercantil:

Tabela 2.2 – Reconhecimento das receitas

	Código da conta	Débito	Crédito
a. Reconhecimento da receita			
Rendas a Apropriar de Arrendamentos Financeiros a Receber	1.7.1.97.00-1 (AC)	3.205,36	
Rendas de Arrendamento Financeiro	7.1.2.10.00-1 (RC)		3.205,36

Nota: AC = Ativo Circulante; RC = conta de Receita.

Além de reconhecer a receita derivada do arrendamento mercantil, a instituição financeira também tem de lançar as despesas com depreciação do bem que foi objeto do contrato.

Lembre-se de que, conforme comentamos, os bancos têm a prerrogativa de acelerar a depreciação em 30%. Dessa forma, deve-se depreciar o bem durante o período de 84 meses (120 meses − 30%), resultando em uma despesa mensal de R$ 1.190,47.

Tabela 2.3 – Reconhecimento da depreciação

	Código da conta	Débito	Crédito
a. Reconhecimento da depreciação			
Despesa de Depreciação	8.1.3.10.10-4 (DS)	1.190,47	
Depreciação Acumulada de Bens Arrendados	2.3.2.90.00-0 (AP)		1.190,47

Nota: DS = Despesa; AP = Ativo Permanente.

No tocante ao recebimento das contraprestações, no dia 10 do segundo mês, caso o arrendador cumpra com a data de desembolso acordada, a arrendatária deve efetuar o seguinte registro contábil (Tabela 2.4):

Tabela 2.4 – Contabilização do recebimento das contraprestações

	Código da conta	Débito	Crédito
a. Recebimento das contraprestações			
Depósito Bancário	1.1.2.92.00-3 (AC)	3.205,36	
Arrendamento Financeiro a Receber	1.7.1.20.00-0 (AC)		3.205,36

Nota: AC = Ativo Circulante.

Após decorrido o prazo contratual do *leasing* financeiro, a arrendatária tem a opção de compra do bem pelo valor residual.

Esses lançamentos, com o ajuste do valor presente, sobre o qual trataremos na próxima seção, representam basicamente os lançamentos envolvidos na escrituração contábil de contratação e manutenção de um contrato de *leasing*.

2.1.8 Superveniência e insuficiência de depreciação

As operações de *leasing*, como já informamos, são, em essência, um financiamento com formato jurídico de aluguel. Essa divergência resulta na necessidade de realizar rearranjos periódicos em razão da contabilização dos ajustes a valor presente, como mencionado por Niyama e Gomes (2012).

Para esclarecer essa necessidade, retomemos, de forma resumida, o reconhecimento contábil dos contratos de arrendamento mercantil. Conforme já destacado, nesse tipo de operação há contabilização do bem tangível arrendado, bem como dos valores a receber da arrendatária. No decorrer do contrato, o bem vai sendo reduzido linearmente porque a depreciação representa um mesmo valor, ao passo que o arrendamento a receber é reduzido de forma exponencial, já que os encargos utilizam a métrica do juro composto na mensuração. Diante dessa realidade, obviamente os valores a receber são diferentes do montante contabilizado a título do bem de referência desse contrato.

Posto isso, examine o Gráfico 2.1, que foi elaborado com base na situação hipotética descrita no tópico 2.1.5.

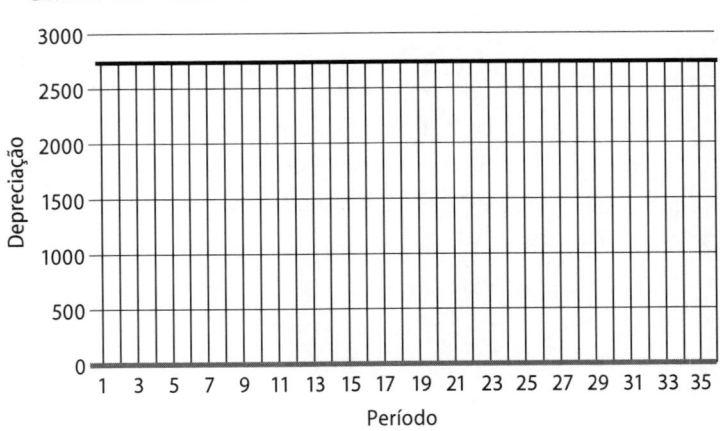

Gráfico 2.1 – Resultado linear

Perceba que, conforme demonstrado no Gráfico 2.1, a depreciação tem um comportamento linear, já que apresenta o mesmo valor para todos os meses (R$ 2.777,77). Agora avalie o que ocorre com os valores amortizados do contrato de arrendamento no Gráfico 2.2.

Gráfico 2.2 – Resultado exponencial

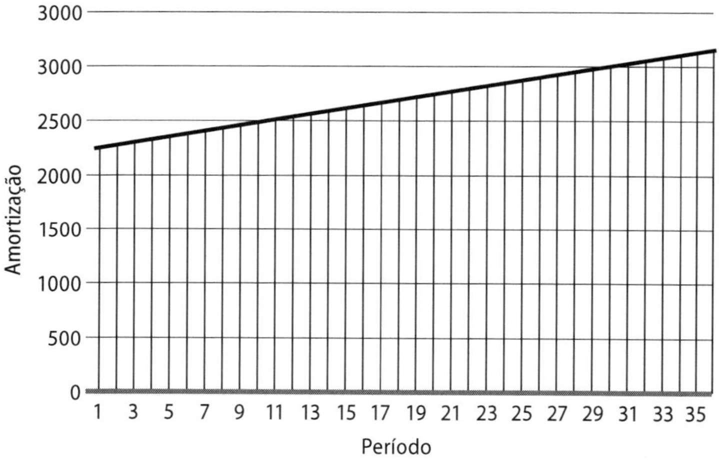

Note que, como evidenciado no Gráfico 2.2, o montante amortizado do contrato de arrendamento mercantil cresce de maneira exponencial. Os valores saltam de R$ 2.205,36 no primeiro mês para R$ 3.124,11 no último período de amortização.

Ante essa constatação, o Cosif (2020) orienta as instituições a realizarem ajustes patrimoniais com o intuito de adequar os resultados dessa operação à própria essência econômica. Para tanto, a Circular BCB n. 1.429/1989 estabelece que as arrendadoras devem seguir o seguinte procedimento:

1. Calcular o valor presente das contraprestações (VP) utilizando a taxa interna de retorno

2. Apurar o valor contábil dos contratos (VC) por meio da somatória das contas:
   - (+) Arrendamento a Receber
   - (−) Rendas a Apropriar de Arrendamentos a Receber
   - (+) Valor Residual a Realizar
   - (−) Valor Residual a Balancear
   - (+) Bens Arrendados
   - (−) Valor a Recuperar
   - (+) Perdas em Arrendamentos a Amortizar
3. Realizar o ajuste patrimonial, em função da diferença gerada entre o VC e o VP:
   - Se VC > VP = insuficiência de depreciação
   - Se VC < VP = superveniência de depreciação

Para expressar essa situação de forma prática, imaginemos o exemplo elencado na seção anterior, no qual o banco teria concedido um arrendamento financeiro de R$ 100.000,00, com contraprestações mensais de R$ 3.205,36 e um VRG de R$ 5.000,00, pago no final do contrato. Após o primeiro pagamento dessa operação, obtém-se um valor de presente de R$ 97.701,78, conforme demonstrado a seguir[2]:

$$VP = \frac{3.205,36}{(1,01)^1} + \frac{3.205,36}{(1,01)^2} + \frac{3.205,36}{(1,01)^3} \cdots \frac{3.205,36}{(1,01)^{35}} \cdots \frac{3.205,36}{(1,01)^{36}}$$

$$VP = 97.794,64$$

Esse valor evidenciado representa o montante pelo qual a operação deveria ser avaliada nos demonstrativos financeiros. Posto isso, chega o momento de apurarmos o valor contábil do arrendamento mercantil, conforme elencado na Tabela 2.5.

[2] Para obtenção do resultado, utilizamos a fórmula matemática: $\sum_{i=1}^{n} \frac{FC}{(1+i)^n}$

Tabela 2.5 – Apuração do valor contábil do contrato de *leasing*

Bem Arrendado	100.000,00
Depreciação Acumulada	(1.190,47)
Arrendamento Financeiro a Receber	112.187,60
Rendas a Apropriar de Arrendamento Financeiro	(112.187,60)
Valores Residuais a Realizar	5.000,00
Valores Residuais a Balancear	(5.000,00)
Valor Contábil do Contrato	R$ 98.809,53

Perceba que, no exemplo, o valor contábil é superior ao valor presente, o que representa uma insuficiência de depreciação, conforme registramos anteriormente. Nesse caso, será necessário efetuar o seguinte ajuste patrimonial:

$$VP - VC \Rightarrow 97.794,64 - 98.809,53 = -1.014,89$$

A contabilização, por ocasião da insuficiência de depreciação, gera o lançamento patrimonial da Tabela 2.6.

Tabela 2.6 – Contabilização da insuficiência de depreciação

	Código da conta	Débito	Crédito
a. Insuficiência de Depreciação			
Rendas de Arrendamentos Financeiros	7.1.2.00.00-4 (RC)	1.014,89	
Insuficiência de Depreciação	2.3.2.40.00-5 (AP)		1.014,89

Nota: RC = Conta de Receita; AP = Ativo Permanente.

No que tange à questão tributária, em obediência ao disposto pela Circular BCB n. 1.429/1989, a instituição arrendatária ainda teria que reconhecer uma provisão a título de diferimento de IR, conforme Tabela 2.7.

Tabela 2.7 – Apuração do Imposto de Renda

Valor bruto da Insuficiência de Depreciação		1.014,89	
IR (25%)		253,72	
Contabilização:			
	Código da conta	Débito	Crédito
a. Imposto de Renda Crédito Tributário de Impostos e Contribuições Imposto de Renda	1.8.8.25.00-2 (AC) 8.9.4.10.00-6 (DS)	253,72	253,72
Nota: AC = Ativo Circulante; DS = Despesa.			

Para suprimir eventuais dúvidas, bem como elencar as possíveis ocorrências, propomos supor uma situação oposta, em que a instituição apresente uma superveniência de depreciação no valor de R$ 1.014,89. Com isso, o valor contábil apresenta um montante inferior ao valor presente das contraprestações. Nesse caso, a contabilização da superveniência da depreciação seria realizada conforme Tabela 2.8.

Tabela 2.8 – Contabilização da superveniência de depreciação

	Código da conta	Débito	Crédito
a. Superveniência de depreciação Superveniência de Depreciação Rendas de Arrendamentos Financeiros	2.3.2.30.00-8 (AP) 7.1.2.00.00-4 (RC)	1.014,89	1.014,89
Nota: AP = Ativo Permanente; RC = Receita.			

Assim como aplicamos para a insuficiência de depreciação, é necessário calcular o IR do lançamento realizado a título de Superveniência de Depreciação. No entanto, como houve um crédito nas contas de Resultado, é necessário provisionar IR diferido:

Tabela 2.9 – Contabilização do IR diferido

	Código da conta	Débito	Crédito
a. IR diferido Imposto de Renda Provisão para IR Diferido	8.9.4.10.00-6 (DS) 4.9.4.30.00-2 (PC)	253,72	253,72
Nota: DS = Despesa; PC = Passivo Circulante.			

Diante dos ajustes evidenciados, o resultado patrimonial reflete a natureza financeira do contrato de arrendamento mercantil.

2.2 Arrendamento mercantil na visão da arrendatária

Nesta seção, apresentaremos algumas caracterizações que circundam o contrato de arrendamento mercantil na visão da arrendatária. O objetivo é identificar caracterizações dos contratos de arrendamento mercantil, adotando uma perspectiva crítica sobre as razões pelas quais o tomador de recurso opte por esse tipo de contrato em detrimento das operações de crédito. Além disso, destacaremos os procedimentos para registro patrimonial desses contratos.

Dito isso, precisamos inicialmente identificar a figura do arrendatário em um contrato de *leasing*. Para tanto, Ross, Westerfield e Jaffe (1995), ao tratar sobre aspectos conceituais do *leasing*, mencionam que, nesse acordo bilateral, o arrendatário é aquele de detém o direito de uso do bem objeto do contrato. Por sua vez, a Lei n. 6.099/1974, que normatiza as operações de *leasing* no Brasil, em seu art. 1º, parágrafo único, acrescenta que tanto a pessoa jurídica como a pessoa física podem comparecer, nesse tipo de acordo, como arrendatários. Dessa forma, podemos inferir que arrendatário é a pessoa física ou jurídica que, mediante pagamentos periódicos, pode usufruir do direito de uso de determinado bem.

2.2.1 Benefícios fiscais

Talvez um dos maiores diferenciais do arrendamento mercantil financeiro, em comparação com as operações de crédito tradicionais, sejam os benefícios fiscais. De acordo com o art. 11 da Lei n. 6.099/1974, as contraprestações pagas pela arrendatária serão consideradas despesa operacional, deduzindo-se a base de cálculo de incidência do IR e CSLL. Obviamente, empresas que não estejam sendo tributadas pelo lucro real não podem gozar desse incentivo fiscal. O controle dessas despesas deve ocorrer em registros auxiliares, subsidiando os ajustes no Livro de Apuração do Lucro Real (Lalur), já que, conforme evidenciaremos nas seções seguintes, o CPC 06 não orienta a realização desse registro para apuração do lucro contábil.

Ademais, vale assinalar que as operações de *leasing* contam com a não incidência do IOF. Esse benefício pode representar uma economia financeira para aqueles que desejam adquirir bens e não contam com os recursos financeiros para compra à vista.

2.2.2 Regras previstas no CPC 06 (R2)

Em 1º de janeiro de 2019, entraram em vigor as alterações introduzidas pelo CPC 06 (R2) (CPC, 2017), que foram inspiradas no IFRS 16 (IASB; FASB, 2016). Essas mudanças tiveram impacto significativo para as arrendatárias, que têm de seguir as novas orientações para o reconhecimento e a mensuração das operações de arrendamento mercantil.

O primeiro ponto a ser considerado nessa nova regulamentação é a visão a respeito das modalidades de arrendamento mercantil. De acordo com o pronunciamento, a partir da vigência das novas regras, passa a existir somente o *leasing* financeiro. Antigamente, com a possibilidade de contratação de *leasing* operacional, a entidade contabilizava apenas as despesas com *leasing*, constituindo um Passivo no reconhecimento do aluguel mensal a pagar. Com as alterações vigentes, a arrendatária passa a escriturar um Ativo e um Passivo, independentemente da modalidade de *leasing* contratada.

Além disso, o CPC 06 (R2) prevê a possibilidade do não reconhecimento de uma operação de *leasing*. Para tanto, o arrendamento deve ser de curto prazo, e o ativo objeto do contrato deve ser de valor baixo. Para efeito de ponderação de valor, é preciso considerar o preço de aquisição de um bem novo. Dessa forma, mesmo que contabilmente um veículo esteja registrado com baixo valor, não se pode deixar de reconhecê-lo, visto que um novo normalmente não é negociado por um valor considerável.

No que tange ao reconhecimento, a arrendatá deve contabilizar um Ativo e um Passivo na data de início do contrato. O Ativo, neste caso, deve ser registrado pelo valor de custo e contemplar despesas que se fazem necessárias para colocar em funcionamento o bem e as contraprestações trazidas a valor presente. Com relação ao Passivo, o montante a ser escriturado é representado pelo valor presente dos pagamentos a serem realizados pela arrendatária. Nesse cálculo para apuração do valor presente, utiliza-se a taxa do contrato. Na inexistência dessa informação, pode ser empregada a taxa incremental (taxa para obtenção de um novo empréstimo, apurado pela própria empresa) sobre empréstimo do arrendamento.

Posteriormente à contabilização inicial de um contrato de arrendamento mercantil, a arrendatária tem de realizar mensurações subsequentes do Ativo arredando com base nas orientações contidas no CPC 06 (R2), conforme segue:

- **Método de custo** – Deve-se subtrair, do valor original, as despesas com depreciação e as reduções por valor recuperável, de acordo com o CPC 01;
- **Valor justo** – É destinado para os casos classificados como propriedade para investimento, conforme elencado no CPC 28.

Por sua vez, o Passivo originado desse tipo de contrato, seguindo o pronunciamento técnico, deverá ser elevado em função do reconhecimento dos juros e reduzido pelos pagamentos realizados.

2.2.3 Contabilização

Conforme declaramos, nas operações de *leasing* financeiro, há impactos no Ativo, no Passivo e também no Resultado da entidade. Para exemplificarmos os procedimentos de registro patrimonial dos contratos de *leasing*, considere a seguinte situação hipotética:

- Prazo de arrendamento: 36 meses
- Valor das prestações: R$ 3.205,36
- VRG pago no final: R$ 5.000,00
- Taxa de juros implícita no contrato: 1% a.m.

Levando em consideração essas características financeiras, para apuração do valor a ser registrado a título de Passivo e Ativo, traremos a valor presente (VP) o fluxo de pagamentos futuros do contrato acima elencado, utilizando o seguinte procedimento[3]:

$$PV = \sum \frac{PMT}{(1+i)^n}$$

$$PV = \frac{3.205,36}{(1,01)^1} + \frac{3.205,36}{(1,01)^2} + \frac{3.205,36}{(1,01)^{n\cdots}} + \frac{8.205,36}{(1,01)^{36}}$$

$$PV = 100.000,00$$

De posse do valor presente das contraprestações, faz-se o registro inicial do Ativo e do Passivo. No caso do Passivo, é necessário distinguir os montantes a serem liquidados no curto e no longo prazos, conforme informação da Tabela 2.10.

---

[3] O cálculo pode ser realizado com auxílio da HP 12C, na qual será necessário realizar os seguintes comandos:
3.205,36 (g) (CFj) → 35 (g) (Nj) → 8206,36 (g) (CFj) → 1 (i) → (f) (NPV)

Tabela 2.10 – Contabilização do Arrendamento Mercantil

	Débito	Crédito
Máquina arrendada – Ativo Imobilizado	100.000,00	
Financiamento por arrendamento – Passivo Circulante		
Encargos Financeiros a Transcorrer – Passivo Circulante (conta redutora)	10.494,84	38.464,32
Financiamento por arrendamento – Passivo Não Circulante	9.898,12	
Encargos Financeiros a Transcorrer – Passivo Não Circulante		81.928,64

Perceba que o lançamento é semelhante à contabilização de uma operação de financiamento. A discriminação dos valores lançados a título de juros e capital está disponível na seção "Apêndice", ao final desta obra.

Após o registro inicial, a arrendatária deve reconhecer mensalmente os encargos financeiros, conforme demonstrado na Tabela 2.11.

Tabela 2.11 – Reconhecimento das Despesas

	Débito	Crédito
Disponibilidade Financeira – Ativo Circulante		3.205,36
Despesa Financeira	1.000,00	
Financiamento por arrendamento – Passivo Circulante	3.205,36	
Encargos Financeiros a Transcorrer – Passivo Circulante		1.000,00
Despesa com Depreciação	833,33	
Depreciação Acumulada de Bem Arrendado		833,33

Além desses procedimentos contábeis, destaca-se que as empresas optantes pelo lucro real podem fazer ajustes no Lalur, usufruindo de todos os benefícios fiscais permitidos pela legislação. Nesse caso, em obediência ao disposto no art. 47 da Lei 12.973/2014, a entidade arrendatária ainda poderia deduzir, da base de cálculo para incidência de IR e CSLL, o montante de R$ 3.205,36, que é o valor contabilizado como contraprestação (somente para os casos de *leasing* financeiro).

Perguntas & respostas

1. **O *leasing* financeiro é a modalidade de arrendamento mais utilizada no mercado brasileiro. Com base nos conceitos estabelecidos no CPC 06 (R2) (CPC, 2017), bem como nas resoluções emitidas pelo Banco Central, quais são as especificidades dessa modalidade de arrendamento?**

    O contrato de *leasing* financeiro, em oposição ao operacional, transfere riscos e benefícios para o arrendatário. Além disso, as contraprestações pagas pela arrendatária devem ser suficientes para recuperar o custo do bem durante o período de vigência do contrato.

2. **O arrendador, em consonância com a Portaria do Ministério da Fazenda n. 140/1984, deve depreciar os bens arrendados. No entanto, esse procedimento deve obedecer a algumas orientações, diferentes das contidas para as demais empresas. Quais são esses aspectos atinentes ao processo de depreciação do bem, realizado pela arrendadora?**

    Para efeito de cálculo da depreciação, a arrendadora tem de reduzir o prazo de vida útil do bem em 30%. Vale lembrar que o prazo máximo a ser utilizado é a vida útil do bem a ser arrendado.

3. **Uma das partes integrantes de um contrato de arrendamento mercantil é o valor residual garantido, que evidencia o valor a ser pago pela arrendatária, para exercer a opção de compra. Quais são, então, os impactos tributários, na visão do arrendador, gerados pela variabilidade dos percentuais do VRG?**

    A variação do VRG determina o montante a ser contabilizado a título de contraprestação (receitas para o arrendador). Sendo assim, quanto maior for o VRG, menor será o valor contabilizado como receita, o que consequentemente reduzirá a base de cálculo para IR e CSLL.

4. As operações de *leasing*, embora sejam em essência um tipo de financiamento, assumem o formato jurídico para efeito de contabilização. Em razão disso, surge a necessidade de o arrendador realizar cálculos para verificar a existência de superveniência ou insuficiência de depreciação. Quais são os conceitos relacionados a esse antagonismo observado na depreciação?

A superveniência de depreciação ocorre quando o valor contábil é menor que o valor presente das contraprestações. Por sua vez, a insuficiência de depreciação é observada quando o valor contábil é superior ao valor presente das contraprestações.

5. O CPC 06 (R2) (CPC, 2017) introduziu novidades que devem ser observadas desde 1º de janeiro de 2019. Quais seriam duas das alterações promovidas pelo pronunciamento que concernem aos procedimentos a serem observados pela arrendatária?

No que tange à modalidade de arrendamento, o pronunciamento determinou que, a partir da sua vigência, passa a existir somente *leasing* financeiro. Além disso, outra alteração está relacionada ao reconhecimento dos ativos. De acordo com o CPC, o Ativo deve ser registrado pelo valor de custo, contemplando despesas que se fazem necessárias para colocar em funcionamento o bem e as contraprestações trazidas a valor presente.

Para saber mais

Documento

Conheça o portal da Associação Brasileira de Empresas de Leasing (ABEL), com informações e discussões sobre os contratos de arrendamento mercantil.

ABEL – Associação Brasileira das Empresas de Leasing. Disponível em: <http://www.leasingabel.com.br>. Acesso em: 11 ago. 2020.

Site

Confira na íntegra as atualizações do CPC 06 (R2).

CPC – Comitê de Pronunciamentos Contábeis. Disponível em: <http://static.cpc.aatb.com.br/Documentos/533_CPC_06_R2_rev%2014.pdf>. Acesso em: 11 ago. 2020.

Síntese

Neste capítulo, apresentamos as principais características das operações de arrendamento mercantil e empreendemos uma abordagem conceitual e legal dessas operações, tanto na visão da arrendatária quanto na visão do arrendador. Para compreensão prática desses conceitos, fornecemos exemplos que simularam a forma de registro patrimonial de situações possíveis. Além disso, explicitamos diferença entre superveniência e insuficiência de depreciação, e apontamos os impactos disso para o patrimônio das organizações.

Com base nessas abordagens teóricas e exemplificativas, oferecemos uma visão crítica do assunto, a fim de que você possa julgar as diversas operações de arrendamento, bem como os benefícios delas para os diversos públicos direcionados.

Questões para revisão

1. (FCC – 2016 – Segep/MA) Uma sociedade por ações utiliza um equipamento obtido por meio de um contrato de arrendamento mercantil financeiro que foi iniciado em 01/12/2015. Pelo contrato de arrendamento, a empresa deverá pagar 48 parcelas mensais de R$ 28.631,46 e um valor residual garantido de R$ 200.000,00 que vence com a última parcela mensal. A taxa de juros implícita no contrato é 1,8% ao mês e o valor presente dos pagamentos na data de início do contrato era R$ 1.000.000,00. O valor justo do equipamento na data de início do arrendamento mercantil era R$ 1.200.000,00, e a empresa definiu que vai utilizá-lo por 8 anos; e, no final deste prazo de utilização, será possível vendê-lo por um valor líquido de despesas de vendas de R$ 232.000,00.

Sabendo-se que, para fins fiscais, as parcelas mensais são consideradas despesas dedutíveis pelo valor integral e que a empresa calcula a depreciação de seus equipamentos pelo método das quotas constantes, a empresa deveria evidenciar na demonstração do resultado do ano de 2015, em reais, exclusivamente em relação ao contrato de arrendamento mercantil:

a) Despesa de arrendamento = R$ 28.631,46.

b) Despesa de depreciação = R$ 10.416,67 e Despesa de arrendamento = R$ 28.631,46.

c) Despesa de depreciação = R$ 12.500,00 e Despesa financeira = R$ 21.600,00.

d) Despesa de depreciação = R$ 8.000,00 e Despesa financeira = R$ 18.000,00.

e) Despesa de depreciação = R$ 10.083,33 e Despesa financeira = R$ 18.000,00.

2. (Gestão Concurso – 2018 – Emater/MG) No que diz respeito à classificação contábil das operações de arrendamento mercantil, avalie as afirmações a seguir.

   I. Um arrendamento mercantil deve ser classificado como financeiro se ele transferir substancialmente todos os riscos e benefícios inerentes à propriedade.
   II. Um arrendamento mercantil deve ser classificado como operacional se ele transferir substancialmente todos os riscos e benefícios inerentes à propriedade.
   III. A classificação de um arrendamento mercantil como arrendamento mercantil financeiro ou como arrendamento mercantil operacional depende da forma da transação.
   IV. A classificação de um arrendamento mercantil como arrendamento mercantil financeiro ou como arrendamento mercantil operacional depende da essência da transação.

   Está correto **apenas** o que se afirma em:
   a) I e III.
   b) I e IV.
   c) II e III.
   d) II e IV.

3. (FGV – 2018 – AL/RO) Uma entidade efetuou um contrato de arrendamento mercantil financeiro de um caminhão. O valor justo do caminhão é de R$ 180.000. A entidade deverá pagar 60 parcelas mensais de R$ 4.000. O valor presente das parcelas é de R$ 165.000.

   Assinale a opção que indica o valor que deve ser reconhecido pela entidade no momento da aquisição.
   a) Zero.
   b) R$ 4.000.
   c) R$ 165.000.

d) R$ 180.000.
e) R$ 240.000.

4. O Banco Beta, com base nos dados disponibilizados em 31 de dezembro de 2018, constatou as seguintes informações relacionadas a um dos contratos de arrendamento mercantil:
   - Valor das contraprestações, trazidas a valor presente: R$ 68.549,00.
   - Valor contábil do bem, registrado no Ativo Imobilizado: R$ 67.852,00.

   Considerando essas informações, determine o procedimento contábil a ser realizado.

5. A questão tributária, em um contrato de arrendamento mercantil, representa um benefício para a arrendatária ao comparar esse produto com as demais linhas de financiamento. Com base nessa constatação, mencione quais seriam essas vantagens apresentadas pela contratação de um *leasing*.

Questão para reflexão

1. As operações de arredamento mercantil, embora muitas vezes apresentem similaridades em relação às operações de financiamento, divergem no que diz respeito às questões tributárias. Com o auxílio do exposto neste capítulo, reflita sobre os requisitos necessários para que as operações de *leasing* financeiro sejam financeiramente mais vantajosas que um contrato de empréstimo na visão da empresa contratante.

Operações de crédito e câmbio

3

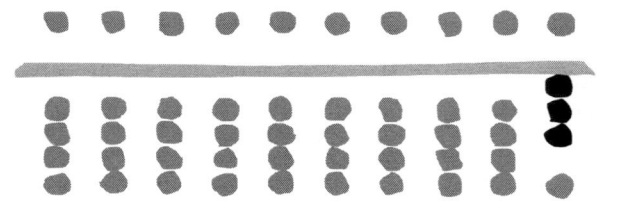

Conteúdos do capítulo

- Operações de concessão de crédito.
- Operações de captação de recursos.
- Classificação das operações por nível de risco.
- Alterações do nível de risco do tomador e os impactos contábeis.
- Operações de câmbio.

Após o estudo deste capítulo, você será capaz de:

1. identificar os tipos de operações concedidas;
2. descrever as operações realizadas para captação de recursos;
3. detalhar a classificação das operações por nível de risco;
4. analisar os efeitos causados pela alteração do nível de risco do tomador e os impactos contábeis;
5. descrever operações de câmbio.

𝒪processo de intermediação financeira tem fundamental importância no desenvolvimento de uma nação. Tomadores que necessitam de crédito para consumir produtos e serviços, bem como para fazer investimentos, recorrem a organizações bancárias que custodiam montantes financeiros advindos de poupadores. Esse dinamismo favorece investimentos em infraestrutura, o que possibilita geração de emprego e renda em um país.

Diante dessa realidade, é de esperar que exista um controle da intermediação financeira, que no Brasil é exercida principalmente pelo Banco Central do Brasil (BCB). Essa organização governamental estabelece procedimentos de escrituração contábil, os quais, além de cooperarem para o controle nacional, também expressam mecanismos de mitigação de riscos.

Ao longo deste capítulo, abordaremos esses aspectos contábeis com foco nos principais procedimentos que norteiam a concessão de crédito, a captação de recursos e as trocas cambiais.

3.1 Operações de crédito

Utilizar crédito bancário, atualmente, é algo muito comum e, até mesmo, um traço cultural. Quando alguém pensa na concretização de um sonho, como a compra da casa própria ou mesmo de um novo computador, não precisa dispor de todo o montante financeiro para isso, uma vez que pode recorrer a diversas linhas de crédito disponíveis no mercado. Os bancos, nesse contexto, são grandes provedores de recursos aos consumidores; porquanto, em troca de juros, podem liberar empréstimos e financiamentos.

Essas operações de crédito, além de cooperarem para a concretização dos desejos individuais dos consumidores, também ajudam no desenvolvimento nacional. Evangelista e Araújo (2018) identificaram que os créditos bancários funcionam como um canal de transmissão de política monetária. Por outros termos, as operações negociadas pelos bancos têm a potencialidade de afetar, por exemplo, o preço dos produtos negociados no mercado brasileiro. Não obstante, ainda existem linhas de crédito com destinação específica, como o microcrédito, que é direcionado para a população de baixa renda com o intuito de fomentar a economia (Santos et al., 2019). Essas constatações reforçam a relevância das instituições financeiras no contexto nacional.

Para essas organizações bancárias, esse montante de crédito corresponde a grande parte das receitas operacionais. De acordo com BCB (2020b), em 2017, cerca de 63% do faturamento dos bancos foi originado por empréstimos, financiamentos e desconto de recebíveis. Dessa forma, também é possível inferir que a maior parte dos recursos internalizados em uma organização bancária é destinada a essas modalidades de aplicação.

Obviamente, em razão da importância desse setor para a economia, existem regulamentações que condicionam a atuação dessas instituições financeiras. Essas regras contemplam desde a destinação do crédito até os procedimentos de proteção financeira.

3.1.1 Vedações para concessão de operações de crédito

No que tange à destinação do crédito bancário, a Lei n. 4.595, de 31 de dezembro de 1964 (Brasil, 1964c), estabeleceu algumas limitações. Essas restrições têm como propósito a inibição de conflito de interesses para evitar que o principal produto bancário passe a ser negociado com pessoas relacionadas à organização.

Sendo assim, o art. 34 da referida lei proíbe que instituições financeiras contratem operações de crédito com partes relacionadas, incluindo os:

- controladores que são sócios ou acionistas da instituição e que, de maneira permanente, detêm a maioria dos votos para decidir nas deliberações estatutárias;
- diretores ou membros de órgãos de origem estatutária, entre os quais se incluem cônjuges e parentes de até segundo grau.

3.1.2 Classificação das operações de crédito

O Cosif (2020) classifica as operações de crédito em três modalidades:

1. **Empréstimos** – São os recursos financeiros concedidos ao tomador, sem exigência de aplicação específica. Seria o caso das operações de capital de giro, conta garantida, cheque especial, crédito direto ao consumidor (CDC),

entre outras modalidades em que o banco não obriga o beneficiário a destinar o recurso para compra de veículos, máquinas, imóveis ou outro tipo de bem tangível. Para compreender esta modalidade, imagine que determinada empresa esteja necessitando de recursos financeiros para suprir a necessidade de capital de giro do seu ciclo financeiro. Nesse caso, a organização não tem o propósito de comprar bens para compor seu ativo imobilizado. Nesse contexto, a alternativa seria angariar recursos na modalidade de empréstimo bancário com sua instituição financeira.

2. **Títulos descontados** – Correspondem a uma operação de crédito que, mediante a aplicação de determinada taxa de juros, transforma um fluxo futuro de recebimento em disponibilidade para o tomador. Nesse caso, o cessionário (banco que adquiriu o recebível) passa a ser o beneficiário do título. Para facilitar o entendimento desse instrumento financeiro, consideremos o seguinte exemplo: determinada empresa necessita levantar recursos para honrar seus compromissos financeiros e tem promessas de recebimento futuro de seus clientes em forma de duplicata mercantil. Nesse caso, essas duplicatas podem ser "vendidas" ao banco, que passa a ser o beneficiário dos recursos quando efetivamente recebidos.

3. **Financiamentos** – Consistem em uma modalidade de crédito em que os recursos captados têm uma destinação específica, cuja aplicação deve ser comprovada. É o tipo de operação utilizada para a compra de bens de capital, como máquinas, veículos e imóveis. Nesse caso, o bem de referência passa a figurar como garantia da operação, mitigando riscos de crédito e, consequentemente, influenciando a taxa de juros. Por essa razão, no mercado, o financiamento representa a modalidade de crédito de menor custo financeiro para o tomador. Para se ter uma

ideia, estatísticas do BCB (2020f) demonstram que, no início de 2018, uma pessoa física conseguiria financiar um veículo com taxa a partir de 1% a.m., ao passo que um empréstimo não consignado sairia a partir de 1,40% a.m. É óbvio que esses indicadores servem apenas como um parâmetro de comparação, pois essas taxas podem variar de acordo com o prazo e o risco de cada tomador.

É importante destacar que essas modalidades, além de cumprirem o propósito de segregar as diversas opções de crédito do mercado, funcionam como parâmetro para contabilização. Segundo o Cosif (2020), ao se registrar a contratação de determinado crédito, deve-se utilizar contas específicas, conforme demonstrado no Quadro 3.1.

Quadro 3.1 – Contas contábeis utilizadas para operações de crédito

Classificação	Código	Título contábil
Empréstimos e títulos descontados	1.6.1.00.00-4	Empréstimos e Direitos Creditórios Descontados
Financiamentos	1.6.2.00.00-7	Financiamentos
	1.6.3.00.00-0	Financiamentos Rurais e Agroindustriais
	1.6.4.00.00-3	Financiamentos Imobiliários
	1.6.5.00.00-6	Financiamentos e Títulos e valores mobiliários (TVM)
	1.6.6.00.00-9	Financiamentos de Infraestrutura

Fonte: Elaborado com base em Cosif (2020).

Cada segregação evidenciada no Quadro 3.1 apresenta diversos desdobramentos, de modo a prestar o maior número de informações aos diversos usuários. Entre essas ramificações, o legislador determinou que os bancos devem diferenciar o crédito conforme o tipo de pessoa (física, jurídica e produtor rural), moeda (nacional ou estrangeira) e tipo de taxa (prefixada ou pós-fixada). Com isso, existe a possibilidade de se perceber a concentração do crédito em uma dessas segmentações, bem como ter uma noção do nível de risco que a instituição está assumindo.

3.1.3 Contabilização das operações de crédito

Dispondo da correta classificação do crédito bancário, chega o momento de registrarmos contabilmente o fato econômico. Essa evidenciação deve seguir os procedimentos determinados pelo BCB, que, conforme já informamos, padroniza as escriturações no sistema financeiro.

Para clarificar a dinâmica desses lançamentos nas contas patrimoniais dos bancos, fornecemos alguns exemplos hipotéticos, elencando encargos na modalidade prefixada. Ressaltamos que, por uma questão didática de relevância para o assunto, não apresentaremos o aspecto tributário relativo ao IOF, arcado pelo tomador do recurso.

Diante dessas considerações, partamos para o primeiro exemplo: imagine que o Banco Alfa acaba de fechar uma operação de empréstimo com a empresa Beta com as seguintes condições financeiras[1]:

- Valor do empréstimo: R$ 100.000,00
- Encargos: 1,00 % a. m. no sistema SAC (prefixado)
- Prazo: 10 meses
- Data da concessão do crédito: 1º de abril × 1
- Vencimento da primeira parcela: 1º de maio × 1

No momento da liberação do recurso financeiro para a empresa Beta, tem-se o lançamento indicado na Tabela 3.1.

Tabela 3.1 – Registro contábil realizado na concessão do crédito

	Código da conta	Débito	Crédito
a. Concessão do crédito em 01/04			
Empréstimos	1.6.1.20.00-8 (AC)	115.392,96	
Rendas a Apropriar	1.6.1.20 (Interno)		15.392,96
Depósito à Vista – PJ	4.1.1.05.20-1 (PC)		100.000,00

Nota: AC = Ativo Circulante; Interno = conta utilizada somente para uso interno da instituição (na evidenciação final, essa conta decresce o saldo da conta 1.6.1.20.00-8); PC = Passivo Circulante.

---

1 A descrição das parcelas e dos juros se encontra no "Apêndice" ao final deste livro.

Nesse primeiro lançamento, perceba que não aparece movimentação na conta de Disponibilidades no Ativo do Banco Alfa. Isso ocorre em razão de o empréstimo bancário, inicialmente, não acarretar saída de recur=sos da instituição financeira. Em outras palavras, o ato de conceder empréstimo gera um Ativo para a instituição financeira e um Passivo, já que o recurso é disponibilizado na conta-corrente do tomador. Posteriormente, quando da saída do recurso da instituição financeira, ocorre a diminuição das Disponibilidades do Banco Alfa.

No que se refere aos encargos a transcorrer, perceba que não há um padrão Cosif, devendo ser controlados internamente pela instituição financeira. Nos meses subsequentes, o banco deve respeitar o regime de competência, efetuando os lançamentos conforme Tabela 3.2.

Tabela 3.2 – Reconhecimento contábil dos encargos

	Código da conta	Débito	Crédito
b. Reconhecimento dos encargos 30/04			
Rendas a Apropriar	1.6.1.20 (Interno)	1.000,00	
Rendas de Empréstimos	7.1.1.05.00-6 (RC)		1.000,00

Nota: Interno = conta utilizada somente para uso interno da instituição (na evidenciação final, essa conta decresce o saldo da conta 1.6.1.20.00-8); RC = conta de Receita.

Salientamos que os registros das receitas estão sujeitos à suspensão em razão de inadimplência. De acordo com a Resolução BCB n. 2.682, de 21 de dezembro de 1999 (BCB, 1999), após 60 dias de atraso, o banco não pode contabilizar as receitas provenientes da operação que estão apresentando descontinuidade de reposição. Essa regra inibe a apresentação de resultados derivados de créditos que notadamente enfrentam dificuldades para retornarem ao caixa da instituição financeira.

As operações que seguem a normalidade de reposição devem impactar a conta Disponibilidade, reduzindo a carteira de crédito. No caso hipotético em análise, o recebimento da prestação acarretaria o seguinte lançamento para o Banco Alfa (Tabela 3.3):

Tabela 3.3 – Reconhecimento contábil para os recebimentos de empréstimos

	Código da conta	Débito	Crédito
c. Recebimento 01/05 Depósito de Pessoa Jurídica Empréstimos	4.1.1.20.00-8 (PC) 1.6.1.20.00-8 (AC)	11.000,00	11.000,00

Nota: PC = Passivo Circulante; AC = Ativo Circulante.

Além desses procedimentos, a instituição financeira deve atentar para os lançamentos relativos às contas de Compensação de provisões para crédito de liquidação duvidosa, os quais debateremos seção a seguir.

3.2 Risco de crédito

A probabilidade de o crédito emprestado não retornar aos cofres da empresa concedente é uma realidade inerente à atividade bancária. Desprezar esse fato, além de refletir irresponsabilidade, pode acarretar a descontinuidade operacional da instituição financeira, bem como a contaminação de todo o Sistema Financeiro Nacional (SFN). Perante isso, o BCB estabeleceu alguns procedimentos a serem observados quando da classificação das operações de crédito por nível de risco, ensejando a realização de provisões para fazer frente a essas exposições.

3.2.1 Classificação das operações por nível de risco

Para a classificação das operações de crédito em níveis de risco, o BCB estabeleceu algumas regras que devem ser observadas por todas as instituições financeiras. Esses padrões, além de uniformizarem alguns procedimentos, exigem que a organização bancária mantenha uma política de crédito com critérios de risco, mitigando a exposição de seus ativos.

O texto legal que inseriu esses critérios de classificação das operações por níveis de risco foi introduzido no ordenamento jurídico brasileiro por meio da Resolução BCB n. 2.682/1999. De acordo com essa norma, os créditos são segregados em nove níveis, intitulados: "AA", "A", "B", "C", "D", "E", "F", "G" e "H". De forma ilustrativa, ao se deparar com essa classificação, é possível inferir que os recursos emprestados, que estão alocados na categoria "AA", representam a menor possibilidade de *default*, ou seja, estatisticamente representariam a menor probabilidade de não retornarem aos cofres bancários. Em contrapartida, os créditos categorizados como "H" são aqueles de maior risco.

Para que a instituição classifique adequadamente cada crédito concedido, o art. 2º da Resolução BCB n. 2.682/1999 estabelece que é necessário verificar aspectos ligados ao devedor e seus garantidores, bem como o tipo da operação de crédito. Esses parâmetros, embora em alguns casos sejam subjetivos, definem certos critérios que obrigatoriamente devem constituir a política de classificação de risco das operações de crédito.

Com relação ao sujeito que toma recursos emprestados do banco e os seus respectivos garantidores, a resolução define um rol taxativo dos aspectos mínimos a serem ponderados, a saber: situação econômico-financeira, grau de endividamento, capacidade de geração de resultados, fluxo de caixa, administração e qualidade de controle, pontualidade e atrasos nos pagamentos, contingências, setor de atividade econômica e limite de crédito. Perceba que a verificação a ser realizada pelo analista de crédito para o direcionamento do recurso em uma das faixas de risco envolve aspectos intrínsecos e questões exógenas à organização. Essa constatação conduz à conclusão de que os bancos devem buscar informações a respeito do tomador, assim como dispor de análises macroeconômicas para ponderarem sua exposição financeira em cada atividade desenvolvida no mercado.

Além disso, ainda se faz necessário considerar alguns aspectos ligados à operação de crédito que está sendo realizada. O BCB, por meio do item II do art. 2º de sua Resolução n. 2.682/1999, salienta que os bancos necessitam observar valor, finalidade, garantias e natureza das operações que estão sendo liberadas para o tomador. Para ilustrarmos essa exigência, imagine que, em certo dia, uma instituição financeira tenha fechado dois contratos: um crédito parcelado, com garantia de veículo, e a disponibilização de cheque especial sem garantias. Considerando somente essas informações, é provável que você já tenha concluído que o crédito concedido com garantia apresenta um risco inferior. Esse é um dos exemplos que reflete o que de fato ocorre em uma organização bancária para segregação dos recursos emprestados por nível de risco. Obviamente, os critérios e as análises não são encarados com essa simplicidade, dado que necessariamente devem ser ponderados outros fatores, inclusive aqueles mencionados anteriormente.

Uma vez estabelecida essa classificação inicial, as instituições financeiras devem acompanhar mensalmente o retorno do recurso emprestado, reclassificando o risco da operação caso seja observada inadimplência. Essa é a premissa definida no art. 4º da Resolução BCB n. 2.682/1999, que, de maneira objetiva, define o risco mínimo para cada faixa de atraso

> Art. 4º [...]
> I – mensalmente, por ocasião dos balancetes e balanços, em função de atraso verificado no pagamento de parcela de principal ou de encargos, devendo ser observado o que segue:
> a) atraso entre 15 e 30 dias: risco nível B, no mínimo;
> b) atraso entre 31 e 60 dias: risco nível C, no mínimo;
> c) atraso entre 61 e 90 dias: risco nível D, no mínimo;
> d) atraso entre 91 e 120 dias: risco nível E, no mínimo;
> e) atraso entre 121 e 150 dias: risco nível F, no mínimo;
> f) atraso entre 151 e 180 dias: risco nível G, no mínimo;

Além desses critérios de inadimplência, a norma ainda prevê, em alguns casos específicos, a necessidade de realizar reavaliações semestrais e anuais. Para créditos concedidos a clientes ou grupos econômicos, em um montante igual ou superior a 5% do patrimônio líquido ajustado do banco, é necessário revisar o risco em um intervalo não superior a 6 meses. Todas as demais operações, salvo aquelas concedidas a clientes cujo montante tomado não seja superior a 50 mil reais, devem ser reavaliadas a cada 12 meses.

Todos esses critérios apresentados cooperam para que cada banco, dentro dos limites estabelecidos pelo BCB, mantenha uma política de crédito, segregando as operações por níveis de risco. Além de representar um mecanismo de controle e mitigação dos riscos de perdas do capital emprestado, esse procedimento também serve de parâmetro para realizar provisão de inadimplência, que será explorada no item posterior.

3.2.2 Provisão para crédito de liquidação duvidosa

Até aqui foram apresentados alguns elementos que permitem diferenciar o risco das diversas operações concedidas. Agora, trataremos dos impactos financeiros que esses riscos causam para as organizações bancárias.

Para tanto, recorremos novamente à Resolução BCB n. 2.682/1999, que, além de determinar a segregação das operações de crédito por nível de risco, define que as instituições financeiras necessitam provisionar valores para lidar com os riscos de crédito. Trata-se da provisão para crédito de liquidação duvidosa (PCLD), que apresenta um percentual a ser provisionado para cada nível de risco, conforme demonstrado na Tabela 3.4.

Tabela 3.4 – Classificação do risco aplicável à perda estimada das instituições financeiras

Classificação do risco	Provisão mínima	Atrasos (em dias)
AA	0%	0
A	0,5%	1 a 14
B	1%	15 a 30
C	3%	31 a 60
D	10%	61 a 90
E	30%	91 a 120
F	50%	121 a 150
G	70%	151 a 180
H	100%	> 180

Fonte: Elaborado com base em BCB (1999).

Nas duas primeiras colunas da tabela, são apresentados os riscos e os percentuais de provisão mínima a ser utilizada para cada faixa de classificação das operações. Perceba que a autarquia reguladora estabeleceu provisões progressivas em decorrência da elevação do risco da operação. Esses percentuais incidem sobre o saldo devedor do crédito, devendo ser elevados por causa da inadimplência.

Dessa forma, caso a reposição do crédito emprestado apresente atrasos, a instituição financeira deve reclassificar o risco da operação, incrementando a provisão anteriormente realizada. O atraso para efeito de agravamento de risco é aquele igual ou superior a 15 dias, como indicado na terceira coluna da Tabela 3.4.

É oportuno lembrar que a reclassificação também deve ocorrer em razão de mudanças relativas ao tomador, conforme destacamos. Ou seja, caso os itens que motivaram a atribuição do nível do risco de crédito (capacidade de geração de caixa, garantias, entre outros) sejam alterados, o banco também deve avaliar a necessidade de elevar o nível de provisão.

3.2.3 Contabilização inicial da provisão para crédito de liquidez duvidosa (PCLD)

Os procedimentos para o registro patrimonial por ocasião da classificação das operações por níveis de risco, bem como o acompanhamento delas, foram normatizados pela Resolução BCB n. 2.682/1999 e pela Carta-Circular BCB n. 2.899, de 1 de março de 2000 (BCB, 2000).

Para esclarecermos como são esses procedimentos de contabilização, suponhamos o exemplo elencado na Seção 3.1.3. Nessa situação hipotética, imaginemos que o Banco Alfa tenha classificado com um risco "A" a operação concedida à empresa Beta, em virtude das garantias apresentadas e das expectativas promissoras, com um grau de risco, do setor em que está inserida. Perante tal situação, bem como por força dos procedimentos determinados pela norma, a instituição financeira teria que:

- lançar em conta de Compensação o montante classificado como risco "A";
- realizar uma provisão de 0,5% a título de PCLD, o que resultaria em um montante de R$ 500,00, com impacto no resultado e no ativo da instituição financeira.

Acompanhe, na Tabela 3.5, os lançamentos que seriam realizados segundo essas orientações.

Tabela 3.5 – Classificação das operações de crédito

	Código da conta	Débito	Crédito
a. Classificação do risco em 01/04 Operações de Crédito Nível A	3.1.2.10.00-3 (CA)	100.000,00	
Carteira de Créditos Classificados	9.1.1.10.00-2 (CP)		100.000,00
b. Registro de provisão em 01/04 Despesas de Provisões Operacionais	8.1.8.30.00-0 (DS)	500,00	
Provisão para Operações de Crédito	1.6.9.00.00-8 (AC)		500,00

Nota: CA = conta de Compensação do Ativo; CP = conta de Compensação do Passivo; DS = conta de Despesa; AC = Ativo Circulante.

O lançamento em contas de Compensação tem o propósito de evidenciar a carteira de crédito, segregada em níveis de risco. A conta de Compensação do Ativo deve ser atualizada mensalmente, refletindo os mesmos valores registrados na conta de empréstimo.

No que tange ao reconhecimento da despesa com PCLD, note que o lançamento gera uma diminuição nos resultados da organização. Esse efeito instiga a busca por operações de menor risco, evitando a deterioração do Patrimônio Líquido da entidade financeira.

Com essas informações, você talvez esteja se questionando: Essa classificação do risco de crédito das operações também influencia as taxas de juros para o tomador?

É claro que as instituições financeiras levam em consideração o risco da operação para realização da precificação do crédito. Apresentar garantias reais, fiadores e demonstrar capacidade de pagamento são ações que podem reduzir o custo financeiro para o tomador, visto que são elementos que mitigam o risco e são considerados no momento da constituição de provisões para inadimplência.

3.2.4 Alteração no nível de risco do tomador e os impactos contábeis

Conforme já registramos, o BCB exige que as instituições financeiras realizem revisões periódicas do risco atribuído às operações de crédito. Em razão dessas atualizações de dados, as provisões podem ser excedentes ou até mesmo insuficientes aos valores estabelecidos como necessários.

Quando se observa que o montante provisionado a título de PCLD excede os requisitos legais, o banco fica sujeito a um impacto positivo nos resultados. Isso pode ocorrer em uma eventual redução da carteira de crédito ou pela liquidação de crédito de pior risco. Nessas ocasiões, a instituição financeira deve debitar na conta de provisões operacionais do ativo, creditando uma reversão de provisões operacionais no resultado.

Para elucidarmos essa situação, considere o exemplo usado na Seção 3.1.3, em que hipoteticamente a empresa Beta honrou o compromisso assumido. Nessa circunstância, não existindo outros fatores que possam acarretar o agravamento do risco da operação, deve-se reduzir o valor da PCLD. Esse ajuste tem de ser proporcional ao decréscimo do saldo devedor. Logo, como ainda há um Ativo de R$ 90.000,00, deveremos ter uma provisão de R$ 450,00 de PCDL (5% de 90.000). Para adequar o montante atual provisionado, deve-se contabilizar um ajuste de R$ 50,00, conforme segue.

Tabela 3.6 – Ajuste das provisões de risco

	Código da conta	Débito	Crédito
a. Ajuste da provisão em 01/05 Provisão para Operações de Crédito Despesas de Provisões Operacionais	1.6.9.00.00-8 (AC) 8.1.8.30.00-0 (DS)	50,00	50,00

Nota: AC = Ativo Circulante; DS = conta de Despesa.

Acrescentamos que algumas situações podem suscitar o agravamento do risco anteriormente atribuído. Nesse caso, existe a necessidade de realizar uma complementação de provisão, que obviamente impacta negativamente no resultado da entidade. Para clarificar essa situação, daremos continuidade ao exemplo iniciado na Seção 3.1.3, adicionando algumas situações hipotéticas.

Primeiramente, imagine que, já na primeira parcela de reposição do capital, a empresa Beta tenha apresentado inadimplência, encerrando o mês 04/X1 com 30 dias de atraso. Em razão disso, é preciso reclassificar a operação para risco "B" (conforme normas apresentadas na Seção 3.2.1) e proceder à complementação da PCLD. A escrituração patrimonial desses eventos está descrita na Tabela 3.7.

Tabela 3.7 – Reclassificação dos riscos

	Código da conta	Débito	Crédito
a. Reclassificação do risco			
Operações de Crédito Nível B	3.1.2.10.00-6 (CA)	100.000,00	
Operações de Crédito Nível A	3.1.2.10.00-3 (CA)		100.000,00
b. Registro de provisão			
Despesas de Provisões Operacionais	8.1.8.30.00-0 (DS)	510,00	
Provisão para Operações de Crédito	1.6.9.00.00-8 (AC)		510,00

Nota: CA = conta de Compensação do Ativo; DS = conta de Despesa; AC = Ativo Circulante.

Nos meses subsequentes, caso persista a situação de inadimplência, a instituição financeira deve realizar complementações da PCLD, reclassificando o risco da operação. Como já informamos, após 180 dias, o montante integral do empréstimo em atraso é lançado na conta de PCLD. Nesse momento, a operação já estará classificada como risco "H", que representa os valores emprestados de menor possibilidade de retorno. Na Tabela 3.8, evidenciamos essa trajetória da PCLD, levando em consideração o não recebimento dos encargos e das prestações.

Tabela 3.8 – Impacto da PCLD nos resultados

Atraso	Risco	Saldo devedor	PCLD	Impacto no resultado
0	A	100.000	500	500
30 dias	B	101.000	1.010	510
60 dias	C	102.010	3.060	2.050
90 dias	D	102.010	10.201	7.141
120 dias	E	102.010	30.603	20.402
150 dias	F	102.010	51.005	20.402
180 dias	G	102.010	71.407	20.402
181 dias	H	102.010	102.010	30.603

Note, mais uma vez, que o saldo devedor é atualizado, para efeito de PCLD, até o 60º dia de atraso. Após essa data, a instituição financeira não pode reconhecer receitas provenientes dessa transação até que a inadimplência cesse ou passe a ser inferior a 60 dias. Com relação à PCLD, o montante que impacta o resultado mensal é atinente somente à complementação realizada.

Ressaltamos a necessidade de atualizar as contas de Compensação, vinculadas à operação de crédito. Conforme vimos, essas contas devem refletir o montante registrado em cada faixa de risco, refletindo o mesmo valor contabilizado no Ativo da organização.

3.2.5 Baixa de operações de crédito como prejuízo

Após decorridos 6 meses em que uma operação está classificada como risco "H", a instituição deve baixá-la como prejuízo. A orientação para o registro dessa alteração de *status* do crédito está baseada na Circular BCB n. 1.273, de 29 de dezembro de 1987 (BCB, 1987). Para ilustrarmos, daremos continuidade ao exemplo da Seção 3.1.3, considerando que não ocorram liquidações ao longo do tempo. Nesse cenário, o registro patrimonial deveria ocorrer na forma exposta na Tabela 3.9.

Tabela 3.9 – Contabilização de prejuízo com operações de crédito

	Código da conta	Débito	Crédito
a. Baixa do Ativo			
Provisão para Operação de Crédito	1.6.9.00.00-8 (AC)	102.010	
Empréstimos	1.6.1.20.00-8 (AC)		102.010
b. Registro do prejuízo			
Crédito Baixado como Prejuízo	3.0.9.60.00-0 (CA)	102.010	
Baixa de Crédito de Liquidação Duvidosa	9.0.9.60.00-2 (CP)		102.010
c. Ajuste do nível de risco			
Carteira de Créditos Classificados	9.1.1.10.00-2 (CP)	102.010	
Operações Vencidas	3.1.9.10.00-4 (CA)		102.010

Nota: AC = Ativo Circulante; CA = conta de Compensação do Ativo; CP = conta de Compensação do Passivo.

Note que a movimentação contábil para o reconhecimento da baixa do crédito é um fato permutativo, uma vez que não ocorrem alterações no Patrimônio Líquido. O impacto negativo no resultado da organização bancária, como assinalamos nas seções precedentes, ocorre somente quando do reconhecimento da PCLD durante o período de inadimplência.

Quanto aos procedimentos de registro do prejuízo (b) e do ajuste de nível de risco (c), há uma movimentação somente entre contas de Compensação do Ativo e Passivo. Esses valores deixam de figurar entre as contas de classificação de risco para integrar as baixas de operações de crédito, em rubricas específicas, que visam identificar o período de ocorrência. Os registros permanecem nessas contas de Compensação pelo período mínimo de cinco anos ou por ocasião do recebimento dos valores baixados.

Caso a entidade venha a receber o valor anteriormente baixado como prejuízo, ela tem de realizar os lançamentos contábeis da Tabela 3.10.

Tabela 3.10 – Recuperação das operações de crédito

	Código da conta	Débito	Crédito
a. Recebimento do crédito			
Depósitos Bancários	1.1.2.00.00-2 (AC)	102.010	
Recuperação de Crédito	7.1.9.20.00-9 (RC)		102.010
b. Ajuste das contas de Compensação			
Baixa de Crédito de Liquidação Duvidosa	9.0.9.60.00-2 (CP)	102.010	
Crédito Baixado como Prejuízo	3.0.9.60.10-3 (CA)		102.010

Nota: AC = Ativo Circulante; RC = conta de Receita; CP = conta de Compensação do Passivo; CA = conta de Compensação do Ativo.

Nesse caso, foi considerado que o banco, hipoteticamente, não exigiu do tomador os juros, encargos, multas, entre outros acréscimos legais. Esses montantes, caso fossem cobrados, impactariam o lançamento "a) Recebimento do crédito", elevando a disponibilidade de receitas da instituição recebedora.

3.2.6 Renegociação

O atraso no pagamento das operações de crédito é um dos critérios que ensejam o agravamento do risco e consequentemente a elevação das despesas com PCLD. Diante dessa realidade, muitos bancos, quando percebem mudanças na condição financeira do tomador de crédito ou atrasos frequentes, propõem uma renegociação. Esse processo tem como propósito readequar a operação de crédito às condições financeiras do tomador, ou fazer os recursos contabilizados como prejuízo retornarem para os cofres da organização bancária.

Tendo em vista a possiblidade de realizar essa renegociação financeira com os tomadores de crédito, os bancos poderiam mudar o risco de crédito, uma vez que a operação já não estaria mais em atraso?

Consoante a Resolução BCB n. 2.682/1999, o risco das operações renegociadas pode ser reclassificado, desde que ocorra uma significativa amortização ou que se apresentem fatos novos que justifiquem o referido procedimento. Um fato relevante seria a agregação de novas garantias, como carta-fiança de um banco renomado, reduzindo a probabilidade de perdas. Para as renegociações que não apresentem um dos critérios determinados pela norma, o banco deve manter o risco original da operação.

3.3 Operações de captação de recursos

Para exercer a atribuição de mediador entre poupadores e tomadores, previamente à concessão do crédito, a instituição financeira tem de captar recursos no mercado. Esse levantamento financeiro ocorre por meio da promessa de pagamento de juros segundo o montante e o prazo durante o qual o dinheiro permanecerá no banco. Poupança, fundo de investimento e Certificado de Depósito Bancário (CDB) são alguns dos diversos produtos que compõem o rol de captação de recursos. Existem ainda os valores internalizados no banco sem serem remunerados, como é o caso das disponibilidades em conta-corrente dos clientes bancários.

Essas aplicações financeiras, para o banco, são contabilizadas como Passivos, já que figuram como obrigações para a instituição. Dessa forma, quando essas organizações realizam essas captações de recursos, considera-se que estão efetuando uma operação passiva.

Para cumprir determinações legais acerca da destinação desses recursos captados, bem como distinguir os diversos produtos nessa área, o plano de contas aplicado ao setor bancário apresenta algumas segregações, conforme será detalhado nas próximas seções.

3.3.1 Modalidades de captação

Quando alguém procura uma instituição bancária com o intuito de destinar seus recursos a uma aplicação financeira, depara-se com muitas possibilidades. Os bancos disponibilizam diversos produtos, cada um apresentando especificidades de liquidez, rentabilidade e risco.

A **liquidez** de uma operação de captação está relacionada à facilidade de resgatar o montante aplicado. Alguns produtos bancários são contratados com certa carência, que impossibilita a retirada dos valores antes de um prazo prefixado. Por sua vez, a **rentabilidade** refere-se ao montante auferido pelo aplicador conforme recursos internalizados no banco. Por último, os **riscos** associados à operação representam as incertezas quanto à rentabilidade.

No Cosif, é apresentada uma estratificação dos produtos de aplicação. Essa divisão, utilizada pelo BCB, é empregada como parâmetro para distinguir as modalidades de captação de recursos. Isso posto, apresentamos as principais modalidades de aplicação financeira

Depósito à vista

Para os padrões do Cosif, esse tipo de aplicação de recurso financeiro dispõe de liberdade para ser transacionado. Isso significa que já estão disponíveis para utilização do correntista, sem a necessidade de autorização prévia da instituição financeira. É o caso, por exemplo, do saldo em conta-corrente, inclusive derivado de empréstimos e financiamentos, depósitos vinculados e cheques-salários.

Além disso, por serem de livre movimentação, esses recursos financeiros não são remunerados pelo banco. Em outras palavras, essa aplicação representa um *funding*[2] de baixo custo para a instituição financeira

Depósitos de poupança

A poupança representa uma das aplicações mais populares no Brasil. Criada no período imperial pelo Decreto n. 2.723, de 12 de janeiro de 1861 (Brasil, 1861), era utilizada, nas palavras da norma, para atrair economia das classes menos abastadas. Na época, essa modalidade de depósito remunerava o aplicador em 6% ao ano, sob garantia do governo imperial.

Na década de 1960, os recursos integrantes da poupança permitiram fomentar a economia ao servirem de *funding* para operações de crédito imobiliário. O extinto Banco Nacional da Habitação (BNH), ao longo dos anos de atuação no mercado brasileiro, financiou diversas unidades habitacionais, incluindo moradia para setores populares, com recursos da poupança.

Atualmente, parte dos recursos captados em poupança são direcionadas para crédito imobiliário. De acordo com a Resolução BCB n. 3.932, de 16 de dezembro de 2010 (BCB, 2010), 65% dos valores aplicados em poupança devem ser direcionados ao crédito habitacional. Da quantia restante, 20% será destinado ao encaixe obrigatório no BCB e 15% para movimentação livre da instituição financeira.

2 Terminologia utilizada no mercado para designar os recursos disponíveis em uma instituição financeira.

No que tange à remuneração desse tipo de aplicação, o regramento normativo brasileiro – Lei n. 8.177, de 1 de março de 1991 (Brasil, 1991), e a Medida Provisória n. 567, de 3 de maio de 2012 (Brasil, 2012) – estabeleceu princípios que conferem baixa volatilidade no retorno. De maneira geral, a poupança é remunerada pela taxa referencial (TR) mais:

- 0,5% ao mês quando a meta da taxa Selic, definida pelo Copom, é superior a 8,5% a.a.;
- 70% da Selic, em termos mensais, nos demais casos.

O repasse dessas remunerações ocorre mensalmente, em uma data específica, tradicionalmente conhecida como *dia do aniversário* da conta. Esses montantes pagos a título de juros para os aplicadores são considerados despesas para a instituição financeira

Depósitos a prazo

No SFN, consideram-se depósito a prazo os aportes monetários remunerados pelos bancos. Esses valores não são de livre movimentação, permanecendo no caixa da instituição por um período previamente acordado entre banco e cliente. CDB e recibo de depósito bancário (RDB) são exemplos desse tipo de aplicação financeira.

Estão autorizados a captar recursos mediante depósito a prazo os bancos múltiplos, comerciais, de desenvolvimento e de câmbio; caixas econômicas; sociedades de crédito, financiamento e investimento; sociedades de crédito imobiliário; associação de poupança e empréstimo; cooperativas de crédito; e sociedade de arrendamento mercantil.

3.3.2 Recolhimento compulsório

Diante das diversas modalidades de captação de recursos, talvez você esteja se perguntando: Os bancos podem utilizar a totalidade dessas aplicações para a realização de operações de crédito?

Para responder a essa interrogação, devemos ponderar aspectos econômicos relacionados à política monetária[3].

A captação de recursos, bem como sua destinação às operações de crédito, tem a potencialidade de multiplicação dos meios de pagamento. Essa peculiaridade da intermediação financeira pode cooperar para a fomentação da economia, mas também pode ser, caso não exista controle, um aspecto gerador de inflação. Dessa forma, tornam-se necessárias medidas que controlem a quantidade captada disponível para realização de operações de crédito.

Para viabilizar a aplicação desse controle, o Conselho Monetário Nacional (CVM), assumindo as atribuições a ele conferidas na Lei n. 4.595/1964, estabelece que parte dos recursos captados pelos bancos devem ser destinados a encaixe obrigatório no BCB. É possível inferir, então, que somente uma parcela das aplicações pode ser direcionada para realização de empréstimos e financiamentos. Na Tabela 3.11, seguem as alíquotas aplicadas sobre os recursos captados, que devem permanecer custodiados no BCB.

[3] De acordo com a teoria clássica econômica, o recolhimento compulsório representa um instrumento para realização de política monetária.

Tabela 3.11 – Recolhimento compulsório

Investimento	Alíquota	Remuneração	Custo por deficiência
Depósito à vista	21%	Não há	Taxa Selic + 4% a.a.
Depósito a prazo	17%	Taxa Selic	Taxa Selic + 4% a.a.
Poupança	20%	TR + %	Taxa Selic + 4% a.a.

Fonte: Elaborado com base em BCB, 2020d.

Há, portanto, custos para as instituições financeiras que não apresentam encaixe diário suficiente para amparar os percentuais normatizados. Além disso, a Resolução BCB n. 494, de 19 de outubro de 1978 (BCB, 1978), determina multas para essas organizações, visando à inibição de práticas que vislumbrem o não cumprimento dessas prerrogativas legais de depósito compulsório.

Entretanto, os recursos que permanecem custodiados no BCB, com exceção dos depósitos à vista, são remunerados pelas alíquotas indicadas na Tabela 3.11. Para apuração da base de cálculo a ser remunerada, são excluídos os valores excedentes dos encaixes obrigatórios, assim como outras deduções legais.

Em acréscimo, é importante salientar que as alíquotas apresentadas na Tabela 3.11 podem ser constantemente alteradas. Uma vez que o depósito compulsório é utilizado como mecanismo de política monetária, é de esperar que, a depender dos rumos da economia, haja algumas mudanças relativas à necessidade mínima de encaixe bancário.

3.3.3 Contabilização

O reconhecimento e o acompanhamento contábil das operações, relacionadas a diversas modalidades de aplicação financeira, seguem uma mesma linha de raciocínio. O que diferencia essas movimentações patrimoniais, grosso modo, são os percentuais destinados ao recolhimento compulsório, à rubrica contábil e à remuneração paga aos aplicadores. Um depósito à vista, por exemplo, não gera uma despesa para o banco, uma vez que não é remunerado. Por outro lado, aplicações em depósito a prazo, dadas suas peculiaridades, impactam os resultados da instituição financeira.

Para familiarização com esses procedimentos de escrituração patrimonial, considere as movimentações contábeis da situação hipotética elencada a seguir.

Em 1º de março, a empresa ABC realizou uma aplicação financeira no Banco Alfa, nas seguintes condições financeiras:
- Valor aplicado: R$ 50.000,00
- Modalidade de aplicação: a prazo em CDB
- Remuneração: CDI (pós-fixada)

No lançamento inicial, a instituição financeira tem de reconhecer a criação de um Passivo Financeiro, conforme demonstrado na movimentação contábil da Tabela 3.12.

Tabela 3.12 – Contabilização das aplicações financeiras

	Código da conta	Débito	Crédito
a. Na realização da aplicação 01/03			
Depósito a Prazo com Certificado	4.1.5.10.00-9 (PC)	50.000	
Caixa	1.1.1.10.00-6 (AC)		50.000

Nota: PC = Passivo Circulante; AC = Ativo Circulante.

Posteriormente, o banco deve atualizar a conta de Depósito a Prazo com as remunerações devidas. Esses valores são lançamentos periódicos que representam despesas para a instituição financeira. No exemplo abordado, considerando que no mês de março o CDI (certificado de depósito interbancário) foi de 0,5316%, o Banco Alfa teria de realizar a escrituração contábil da Tabela 3.13.

Tabela 3.13 – Contabilização das despesas com rentabilidades

	Código da conta	Débito	Crédito
b. Rentabilidade em 31/03			
Despesa de Depósito a Prazo	8.1.1.30.99-9 (DS)	265,80	
Depósito a Prazo com Certificado	4.1.5.10.00-9 (PC)		265,80

Nota: DS = conta de Despesa; PC = Passivo Circulante.

Reforçamos que a elevação do saldo das aplicações financeiras pode demandar a atualização da conta de Depósito Compulsório. No caso das aplicações em CDB, para apuração da necessidade de recolhimento compulsório, a Circular BCB n. 3.569, de 22 de dezembro de 2011 (BCB, 2011a), determina que a média aritmética semanal do saldo inscrito na conta contábil 4.1.5.10.00-9 (Depósito a Prazo), deduzindo-se 30 milhões de reais, é a base de cálculo para incidência de 34%. Desse valor apurado para destinação à conta reserva, ainda há uma dedução que depende do nível I do Patrimônio de Referência (PR) da instituição financeira (aprofundaremos a abordagem sobre o PR no Capítulo 6). Por exemplo, para um banco cujo nível I do PR seja igual ou superior a 3 bilhões de reais, podem ser deduzidos 2 bilhões de reais do montante apurado para conta de Depósito Compulsório.

Após calculado o valor a ser destinado à conta de Depósito Compulsório, o banco deve debitar a conta de Ativo intitulada *Reservas Compulsórias* (1.4.2.28.00-5), creditando-se as Disponibilidades em caixa (1.1.1.10.00-6).

3.4 Operações de câmbio

Câmbio, no mercado financeiro, é a expressão referente ao ato de troca de diferentes moedas. Essa transação é necessária em razão das relações comerciais estabelecidas entre pessoas e empresas de distintas nacionalidades. Quando alguém decide, por exemplo, passar férias em uma nação estrangeira, precisa comprar a moeda aceita no país de destino para poder comprar produtos e serviços lá transacionados. Esse ato de troca de moeda é o que se chama de *operação de câmbio*, que somente poder ser realizado em entidades devidamente autorizadas.

No Brasil, o BCB tem a incumbência de autorizar entidades a negociar divisas estrangeiras. De acordo com esse órgão, os bancos, com exceção daqueles considerados de desenvolvimento e da Caixa Econômica Federal, estão autorizados a operar todo tipo de operação de câmbio. Para os bancos de desenvolvimento, sociedades de crédito, financiamento e investimento e agências de fomento, existe uma limitação de atuação, sendo permitidas somente operações específicas autorizadas pelo BCB. Por fim, há a figura das sociedades corretoras de títulos e valores mobiliários, sociedades distribuidoras de títulos e valores mobiliários e corretoras de câmbio, que podem realizar operações de câmbio até o limite de 100 mil dólares.

Quando as pessoas, assim como as empresas, transacionam divisas nessas entidades autorizadas pelo BCB, considera-se que estão operacionalizando no mercado primário. Todavia, se a troca de câmbio ocorre entre entidades autorizadas a fazer tais operações, tem-se uma negociação no mercado secundário. Nesse último caso, não há ocorrência de saída ou entrada de moeda estrangeira, mas apenas negociações interbancárias.

Acrescentamos que a operação cambial, na visão da instituição financeira, pode ser de venda ou compra. Quando os bancos compram divisas estrangeiras de seus clientes, ocorre a operação de **câmbio de compra** (caso das exportações). Já quando essas instituições financeiras vendem moeda estrangeira, há operação de **câmbio de venda** (caso das importações).

3.4.1 Contabilização das operações de câmbio

O reconhecimento das operações de câmbio, de acordo com os padrões estabelecidos pelo Cosif (2020), segue alguns procedimentos padronizados, que abrangem do registro da transação até sua efetiva liquidação. Para desmistificar esse processo normativo, estabelecemos quatro passos necessários para o devido registro patrimonial:

1. Identificar se a operação é de compra ou venda.
2. Lançar a operação de câmbio analiticamente em moeda estrangeira, indicando a taxa de câmbio e o valor correspondente em moeda nacional.
3. Atualizar posteriormente os valores que têm referência à moeda estrangeira. Caso ocorra uma variação positiva, a instituição financeira tem de registrar uma receita (Rendas de Variação e Diferença de Taxa, registradas no código contábil Cosif n. 7.1.3.30.00-8). Do contrário, deve reconhecer uma despesa com variação cambial (Despesa de Variações e Diferenças de Taxas – 8.1.4.50.00-2). Ressalta-se que, de acordo com a Circular BCB n. 2.106, de

23 de dezembro de 1991 (BCB, 1991), esse procedimento de reajuste deve ocorrer no mínimo mensalmente, até que as operações em moeda estrangeira sejam liquidadas.

4. Contabilizar a liquidação da operação de câmbio.

Para facilitar o entendimento desses procedimentos, considere o caso hipotético em que a empresa Abc Exportações está vendendo moeda estrangeira para o Banco X em decorrência da realização de uma exportação. O valor integral do contrato é de 100 mil dólares, devendo ser liquidado em um dia (D+1). Com finalidade didática, consideremos as seguintes premissas:

- Não incidência de *spread* na taxa cambial. Em situações reais, usualmente os bancos não repassam para o público a taxa de câmbio oficial divulgada pelo BCB.

- Recebimento da ordem do exterior somente no momento da liquidação do contrato de câmbio.

Diante dessas considerações, uma taxa de câmbio de US$ 1,00 para cada R$ 3,80 resultaria no lançamento patrimonial da Tabela 3.14.

Tabela 3.14 – Registro contábil no fechamento do câmbio

	Código da conta	Débito	Crédito
a. No fechamento do câmbio Câmbio Comprado a Liquidar	1.8.2.06.00-9 (AC)	US$ 100.000 R$ 380.000	
Obrigação por Compras de Câmbio	4.9.2.35.00-1 (PC)		R$ 380.000

Nota: AC = Ativo Circulante; PC = Passivo Circulante.

No dia posterior, por ocasião da liquidação do contrato de câmbio, a instituição financeira precisa reconhecer a variação da moeda estrangeira. Considerando, no caso hipotético em análise, que ocorreu uma desvalorização da moeda nacional – Taxa US$ 1,00 = R$ 3,90[4] –, o banco precisa escriturar uma variação patrimonial diminutiva, conforme Tabela 3.15.

4 A cotação apresentada tem caráter meramente exemplificativo, tendo em vista se tratar de uma variável macroeconômica sujeita a constantes alterações.

Tabela 3.15 – Contabilização do reajuste da taxa de câmbio

	Código da conta	Débito	Crédito
b. Reajuste da taxa de câmbio Despesa de Variações Câmbio Comprado a Liquidar	8.1.4.50.00-2 (DS) 1.8.2.06.00-9 (AC)	R$ 10.000	R$ 10.000

Nota: DS = conta de Despesa; AC = Ativo Circulante.

Com o reconhecimento da variação cambial, chega o momento de "zerar" a posição da instituição financeira com relação à moeda estrangeira, conforme Tabela 3.16.

Tabela 3.16 – Liquidação do contrato de câmbio

	Código da conta	Débito	Crédito
c. Liquidação do contrato Câmbio Comprado a Liquidar	1.8.2.06.00-9 (AC)		US$ 100.000,00 R$ 390.000,00
Ordens de Pagamento em ME	4.5.1.85.00-7 (PC)	US$ 100.000,00 R$ 390.000,00	
Obrigação Compras de Câmbio	4.9.2.35.00-1 (PC)	R$ 380.000,00	
Depósito de Pessoa Jurídica	4.1.1.20.00-4 (PC)		R$ 380.000,00

Nota: AC = Ativo Circulante; PC = Passivo Circulante.

Perceba que o recurso entrou na instituição financeira mediante uma ordem bancária de uma organização financeira internacional, fato típico de uma transação que envolve uma exportação.

Exercício resolvido

1. O Banco Beta, em 2 de janeiro de 2018, concedeu um capital de giro para a empresa ABC Calçados no valor de R$ 100.000,00 a ser pago em uma única prestação no dia 30 de outubro de 2018. Os juros foram estabelecidos previamente no montante de R$ 10.000,00, que deve ser pago com a reposição do capital. Com base unicamente nessas informações, determine qual seria o reconhecimento contábil inicial do Banco Beta.

    No momento da concessão do empréstimo, o banco deve realizar o seguinte lançamento:

D – Empréstimos – R$ 110.000,00
C – Renda a Apropriar – R$ 10.000,00
D – Depósito à Vista – R$ 100.000,01

Perguntas & respostas

1. **Com base nas disposições normativas do BCB, qual é a implicação contábil para o banco quando da classificação das operações de crédito por nível de risco?**

A classificação contábil das operações de crédito em níveis de risco, de acordo com o BCB, implica o reconhecimento de provisões para crédito de liquidez duvidosa, que variam conforme o risco assumido.

2. **O Banco Alfa observou que a parcela de sua carteira de crédito classificada como risco "A" está com um atraso de 15 dias. Qual procedimento deve ser adotado pelo banco ante essa nova realidade?**

Em atendimento ao regramento legal, o banco deve reclassificar a operação de crédito para, no mínimo, risco "B", incrementando os valores provisionados a título de PCL3.

3. **A Lei n. 4.595/1964, estabeleceu que os bancos têm de destinar a parcela dos recursos captados para encaixe bancário. Qual é o impacto dessa determinação legal para tais instituições?**

Atendendo a esse regramento, os bancos não podem destinar todos os recursos captados para as operações de crédito. A parcela dos depósitos a prazo e da poupança, custodiados no BCB a título de recolhimento compulsório, é remunerada, o que representa uma rentabilidade para a organização bancária. O não atendimento dessa regra acarreta custos para o banco.

4. **No Brasil, quais organizações estão autorizadas pelo BCB a realizar operações de câmbio?**

Os bancos, com exceção daqueles considerados de desenvolvimento e a Caixa Econômica Federal, estão autorizados a operar todo tipo de operação de câmbio. Sociedades corretoras de títulos e valores mobiliários, sociedades distribuidoras de títulos e valores mobiliários e corretoras de câmbio podem realizar operações de câmbio até o limite de US$ 100.000,00.

Para saber mais

Documento

Entenda, por meio desse diagnóstico, as diferenças entre as normas do Cosif para contabilização, debatidas neste capítulo, e as normas internacionais de contabilidade.
BCB – Banco Central do Brasil. **Diagnóstico da convergência às normas internacionais IAS 23 Borrowing Costs**. dez. 2006. Disponível em: <https://www.bcb.gov.br/content/estabilidadefinanceira/Documents/convergencia_normas/IAS_23_Custo_de_Emprestimos.pdf>. Acesso em: 13 ago. 2020.

Síntese

Neste capítulo, apresentamos importantes produtos bancários: operação de crédito; captação de recursos; e operações de câmbio. Para tanto, expusemos aspectos introdutórios a respeito das modalidades de crédito, algumas maneiras empregadas pelos bancos para captar recursos entre os agentes superavitários e as características das operações de câmbio. Também explicamos, de acordo com o BCB, a classificação de risco das operações de crédito e os impactos patrimoniais dessa estratificação. Além disso, fornecemos alguns exemplos de contabilização desses produtos bancários em consonância com o Cosif.

Com base nesse conteúdo, você, leitor, pôde acessar uma visão conceitual e prática das operações de crédito, captação e câmbio.

Questões para revisão

1. (FCC – 2006 – Bacen) No momento em que um banco concede empréstimo a um cliente, os grupos de contas dos seus demonstrativos financeiros terão os seguintes impactos:
   a) diminuição do passivo e diminuição do ativo.
   b) aumento do ativo e aumento do patrimônio líquido (via resultado).
   c) aumento do ativo e aumento do passivo.
   d) aumento da receita e diminuição de despesas, porém o resultado é positivo.
   e) diminuição do passivo e aumento do patrimônio líquido.

2. O BCB, por meio da Resolução 2.682/1999, determina que as operações de crédito devem ser classificadas em níveis de risco. Para cada um desses níveis, a instituição financeira deve calcular o montante a ser destinado à PCLD. Com bases nessas informações, determine qual seria esse valor para a carteira de crédito elencada no quadro a seguir, bem como o impacto contábil gerado por esse reconhecimento patrimonial.

Cliente	Montante	Risco
Alfa	800.000,00	B
Beta	400.000,00	D
Ômega	50.000,00	H

3. (FGV – 2018 – Banestes) Uma instituição financeira realizou, em fevereiro de 2018, a renegociação de duas operações de crédito, descritas a seguir.

A operação X, que estava avaliada como nível de risco "F", em função do atraso, teve seus prazos prorrogados, e o valor total da dívida será pago em doze parcelas mensais e sucessivas, vencendo-se a primeira seis meses após a data da assinatura do aditivo contratual. Não ocorreu amortização parcial da dívida por ocasião da assinatura do aditivo contratual. A operação Y, que havia sido baixada como prejuízo, foi renegociada mediante assinatura de contrato de composição de dívida. Por ocasião da assinatura do contrato, 60% da dívida foi amortizada imediatamente em dinheiro, e o restante foi repactuado para pagamento em 36 meses, tendo sido acrescido como garantia o aval de uma instituição financeira de primeira linha.

Considerando-se apenas as informações fornecidas e de acordo com o que estabelece o Plano Contábil das Instituições do Sistema Financeiro Nacional – Cosif, na classificação por nível de risco das operações renegociadas, é correto afirmar que a instituição financeira:

a) poderá reclassificar as operações X e Y para um nível de risco inferior ao que estavam inicialmente classificadas, considerando que a partir da data da assinatura dos documentos de renegociação as operações não mais se enquadram na categoria de operações em atraso.

b) deverá manter a classificação de risco da operação X no mínimo em "F", e poderá reclassificar a operação Y para um nível de risco inferior a "H", considerando que ocorreu uma amortização significativa da operação, além do acréscimo de garantias.

c) deverá reclassificar as operações X e Y para um nível de risco inferior ao que estavam inicialmente classificadas, considerando que as classificações em nível de risco "F" e "H" são exclusivas de operações em atraso.

d) poderá reclassificar a operação X para um nível de risco inferior a "F", mas deverá classificar a operação Y como nível de risco "H" por se tratar de operação anteriormente baixada como prejuízo.

e) deverá manter a classificação de risco da operação X em "F" e classificar a operação Y como "H", pois a renegociação de operações não deve representar alteração na categoria de risco.

4. A diretoria do Banco Alfa está almejando reduzir o montante de depósito compulsório com o propósito de elevar a carteira de crédito. Em consideração a essa demanda institucional e ao disposto na Lei n. 4.595/1964, qual poderia ser a solução para essa organização bancária com base somente nessas informações?

5. (Exatus – 2015 – Banpar) No Brasil, o mercado de câmbio é o ambiente onde se realizam as operações de câmbio entre os agentes autorizados pelo Banco Central e entre estes e seus clientes, diretamente ou por meio de seus correspondentes. Diante dessa explicação, assinale a alternativa correta a respeito do mercado de câmbio:

a) O mercado de câmbio é regulamentado pelo Banco Central e fiscalizado pelo Banco do Brasil e compreende as operações de compra e de venda de moeda estrangeira.

b) As operações do mercado de câmbio são realizadas por intermédio das instituições bancárias comerciais que possuam filiais de suas operações em países nos quais a instituição pretenda comercializar a moeda.

c) Incluem-se no mercado de câmbio brasileiro as operações relativas aos recebimentos, pagamentos e transferências para o exterior mediante a utilização de cartões de uso internacional, bem como as operações referentes às transferências financeiras postais internacionais, inclusive vales postais e reembolsos postais internacionais.

d) À margem do mercado de câmbio funciona um segmento denominado mercado paralelo, onde os negócios realizados são vantajosos.

e) As operações do mercado de câmbio de valor até o equivalente a US$ 3 mil, é dispensado [sic] o respaldo documental e a necessidade de identificação do cliente.

Questão para reflexão

1. A concessão do crédito bancário para os agentes deficitários gera uma obrigatoriedade para o banco: classificar o crédito concedido em um nível de risco. Considerados os aspectos patrimoniais abordados ao longo do capítulo, qual é a relação entre o nível de risco e a taxa de juros negociada?

Títulos e valores mobiliários e aplicações interfinanceiras

4

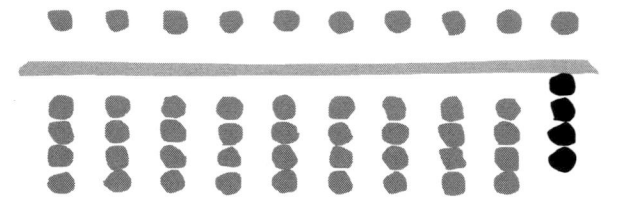

Conteúdos do capítulo

- Normas contábeis relativas a títulos e valores mobiliários.
- Instrumentos financeiros: classificação, mensuração e contabilização.
- Aplicações interfinanceiras de liquidez.

Após o estudo deste capítulo, você será capaz de:

1. arrolar as normas contábeis aplicadas para escrituração dos instrumentos financeiros;
2. classificar os instrumentos financeiros nas diversas modalidades;
3. descrever o processo de mensuração dos instrumentos financeiros;
4. listar as aplicações interfinanceiras de liquidez.

As negociações que envolvem títulos e valores mobiliários (TVM), no âmbito de uma organização bancária, têm um elevado grau de importância. Além de constituírem um meio de captação de recursos com o público externo, representam uma forma de investimento, possibilitando angariar ganhos no resultado.

Por exemplo, os resultados publicados pelo Banco Central do Brasil (BCB) em junho de 2018 apontam que os bancos comerciais obtiveram um resultado de 97,8 bilhões de reais com TVM (BCB, 2020b). Nesse período, em caráter de comparação, essas mesmas organizações apuraram um resultado de 222 bilhões de reais com operações de crédito, seu principal produto.

Reconhecendo a relevância desses ativos para os bancos, dedicamos este capítulo à discussão dos principais conceitos que norteiam essas aplicações, bem como os procedimentos de escrituração patrimonial, no âmbito bancário.

4.1 Conceito e finalidade dos TVM

Para discutirmos esse relevante assunto do meio bancário, incialmente faremos uma breve abordagem introdutória, compreendendo conceito, possibilidades de rendimento e finalidade dos TVM.

4.1.1 Conceitos de TVM

Em finanças, quando se emprega a terminologia *títulos e valores mobiliários*, faz-se referência a ativos que dão o direito de recebimento de certa quantia no futuro. É o caso, por exemplo, dos títulos da dívida pública, que ajudam o governo a angariar recursos no presente, mediante a promessa de pagamento do capital, corrigido por um indicador previamente negociado.

Os TVM podem ser divididos em duas categorias: 1) títulos; e 2) valores mobiliários. Os títulos, nesse caso, são papéis emitidos com o propósito de obtenção de recursos por empresas e governos. Os valores mobiliários, de acordo com o texto da Medida Provisória n. 1.637-5, de 28 de maio de 1998 (Brasil, 1998), são títulos e contratos que dão direito de participação nas decisões e resultados de uma empresa, parceria ou remuneração.

Os TVM funcionam como um Passivo ou Patrimônio Líquido para os emissores, e como um Ativo para os detentores do direito obtido mediante seu controle. Neste capítulo, apresentaremos os conceitos e procedimentos contábeis sob uma ótica de aplicador, haja vista se tratar de uma posição mais usual dessas organizações no contexto econômico financeiro.

4.1.2 Rendimentos

As aplicações em TVM são atraentes para as organizações poupadoras em razão da possibilidade de obtenção de ganhos. A apuração desse montante é decorrente dos rendimentos, que, segundo Niyama e Gomes (2012) podem ser prefixados ou pós-fixados.

Os TVM remunerados a uma taxa prefixada possibilitam que o aplicador conheça os rendimentos que pode auferir durante o decurso do tempo. Em linhas gerais, a rentabilidade não é afetada em razão da variabilidade dos indicadores econômicos.

Já nas remunerações baseadas em uma taxa pós-fixada, presume-se que o investidor fica suscetível a um indicador macroeconômico. Nesse caso, tem-se, por exemplo, alguns títulos que são indexados no Sistema Especial de Liquidação e Custódia (taxa Selic) ou no Índice Nacional de Preços ao Consumidor Amplo (IPCA), contexto em que o rendimento varia a depender da situação econômica nacional. Mesmo diante dessas incógnitas, ainda existe a possibilidade de dimensionar o rendimento.

4.1.3 Finalidade dos TVM

As aplicações em títulos e valores mobiliários realizadas pelos bancos, de acordo com Niyama e Gomes (2012), podem ser promovidas com o intuito de captar recursos e investimentos. Todas essas finalidades, passíveis de serem observadas, podem estar presentes em um único aporte financeiro.

A rentabilidade é o propósito mais intrínseco de uma aplicação em TVM, já que os bancos não têm a obrigatoriedade de realizar esse tipo de aporte. Esse objetivo fica mais claro nos TVM adquiridos para permanecer no banco até o vencimento, evidenciando que a organização pretende fazer jus à taxa de remuneração estabelecida.

Neste caso, talvez você esteja se questionando: Por mais atraente que seja, a rentabilidade de um TVM dificilmente superaria a remuneração obtida por operações de crédito. Então, por que destinar recursos para TVM, deixando de emprestar para o público, o que propiciaria a obtenção de um retorno mais atraente?

Você entenderá, no Capítulo 6, que os bancos, em razão do Acordo de Basileia, têm algumas limitações, inclusive concernentes à alavancagem financeira. Dessa forma, em algumas situações, a entidade não pode elevar sua carteira de crédito, devendo, por isso, deixar os recursos na conta de Livre Movimentação ou realizar aplicações em TVM.

Além disso, dependendo da aplicação realizada, há um melhoramento do risco da organização sob uma perspectiva do Basileia. De acordo com os fatores de ponderação de risco, algumas aplicações não requerem capital prudencial, diferentemente do que ocorre com as operações de crédito.

4.1.4 Mercado de negociação dos TVM

Os títulos e os valores mobiliários são negociados nos mercados primário e secundário. A diferença básica entre esses ambientes de transação está na abrangência do público que tem a possibilidade de realizar as negociações.

Assaf Neto e Lima (2017) esclarecem que o mercado primário é o ambiente em que ocorre o lançamento inicial dos TVM, com a participação restrita de compradores. Nesse caso, o governo e as empresas vendem os ativos para instituições financeiras previamente cadastradas e autorizadas a negociar diretamente com esses lançadores de títulos. Esses compradores, no mercado financeiro, são usualmente chamados de *dealers*.

No mercado secundário, por sua vez, ocorre o maior volume de transações, pois há pluralidade de investidores. Portanto, quando alguém faz uma compra de ações ou debêntures, está atuando no mercado secundário.

4.2 Classificação dos TVM

No mercado financeiro, os TVM são divididos em duas categorias: 1) títulos de renda fixa; e 2) títulos de renda variável. Assaf Neto e Lima (2017) explicam que os **títulos de renda variável** estão atrelados ao desempenho da organização que os emitiu. Por sua vez, os **títulos de renda fixa** têm rentabilidade estabelecida no momento da contratação. Além disso, há outras características e destinações relevantes para elucidarmos essas diferentes possibilidades apresentadas pelo mercado.

Partindo dessa consideração, faremos uma breve explanação sobre essas duas segmentações e suas ramificações.

4.2.1 Títulos de renda fixa

Os TVM são categorizados como títulos de renda fixa quando, no momento da aplicação, existe a possibilidade de mensurar a remuneração ou o retorno do capital aplicado. Assaf Neto e Lima (2017) informam que essa prévia dada pela instituição financeira pode ocorrer mediante um indicador prefixado ou pós-fixado, como o Índice Geral de Preços do Mercado (IGP-M) e o Índice Nacional de Preços ao Consumidor (INPC). As aplicações em títulos da dívida pública, por exemplo, apresentam essas duas possibilidades no momento de formalização da aquisição, esboçando a rentabilidade futura para o aplicador.

4.2.1.1 Títulos da dívida pública

Os títulos da dívida pública são emitidos pelo Tesouro Nacional para atingir os propósitos da política fiscal e monetária do país. Em outras palavras, com a emissão desses títulos, o governo pode utilizar os recursos para financiar o *deficit* orçamentário; refinanciar a dívida pública; realizar operações para fins específicos definidos em lei; ou alterar o nível de recursos financeiros disponíveis no mercado.

Esses títulos, inicialmente, são negociados no mercado primário, contexto em que o governo capta novos recursos financeiros. Em seguida, existe a possibilidade de que esses mesmos títulos sejam negociados no mercado secundário, mas, nesse caso, sem que o capital seja direcionado para o emissor. De forma exemplificativa, suponha que o Banco ABC realizou a compra, no mercado primário, de 5 milhões de reais em títulos da dívida pública. Nesse instante, o montante financeiro é direcionado para o emissor do título (governo federal). Alguns meses após essa transação, o banco decide vender esses títulos para seus clientes com o propósito de fazer caixa. Note que, nessa última transação, não há envolvimento do Tesouro Nacional, que já recebeu o valor da emissão dos títulos.

Atualmente, o Tesouro Nacional possibilita que os investidores formalizem aplicações financeiras nos seguintes títulos:

- **Tesouro prefixado** – Títulos que apresentam taxa fixa de juros, pactuada no momento da aquisição. Ainda existe a possibilidade de os juros serem pagos semestralmente ou acumulados e pagos no final do contrato.
- **Tesouro IPCA** – Modalidade que envolve uma variável atrelada às oscilações inflacionárias do país: o IPCA. Nesse caso, para que os títulos apresentem atratividade ao público, eles recebem, além desse indicador econômico, uma taxa de rendimento fixa. Os juros, da mesma forma que ocorre com os títulos do tesouro prefixado, podem ser pagos semestralmente ou somente no final do contrato.
- **Tesouro Selic** – Títulos públicos remunerados pela taxa Selic e uma parcela fixa. A rentabilidade auferida pelo aplicador é disponibilizada juntamente com o capital, no momento do resgate.

Há diversos títulos da dívida pública, os quais se distinguem pelo indicador de remuneração e o momento do pagamento da rentabilidade. Atualmente, essas possibilidades devem ser separadas na contabilidade bancária. No entanto, você perceberá que as nomenclaturas atuais ainda não foram transcritas para o plano de contas no padrão Cosif. Observe no Quadro 4.1 essa divergência.

Quadro 4.1 – Diferença de nomenclatura: Cosif *versus* mercado

Nomenclatura utilizada no Cosif	Nomenclatura do Tesouro Direto
LTN – Letra do Tesouro Nacional	Tesouro Prefixado
NTN-F – Nota do Tesouro Nacional Série F	Tesouro Prefixado com Juros Semestrais
NTN-B Principal – Nota do Tesouro Nacional Série B Principal	Tesouro IPCA
NTN-B – Nota do Tesouro Nacional Série B	Tesouro IPCA + com juros semestrais
LFT – Letras Financeiras do Tesouro	Tesouro Selic

Fonte: Elaborado com base em Cosif, 2020; Tesouro Direto, 2020.

Com base nisso, é imperativo que as instituições financeiras atentem para tal dissensão de terminologia ao registrarem as aplicações ou as captações de recursos nessas modalidades disponibilizadas pelo Tesouro Nacional.

4.2.1.2 Títulos privados

No âmbito privado, as empresas também contam com a prerrogativa de lançar títulos no mercado para levantar recursos financeiros. Esses títulos são opções de aplicação para os bancos, pois, embora representem maior risco para a organização, também são destino dos recursos financeiros. São exemplos de aplicação financeira em títulos privados: debêntures; letras de câmbio; notas promissórias; certificados de depósitos bancários; letras hipotecárias; cotas de fundos de renda fixa; e outros títulos com características semelhantes.

Para saber mais

Documento

Para negociação de debêntures, as organizações realizam uma oferta pública utilizando instituições financeiras devidamente credenciadas. Conheça uma dessas ofertas acessando o *link* indicado.

RUMO. Aviso ao mercado. Da oferta pública de distribuição de debêntures simples, não conversíveis em ações, da espécie quirografária, em série única, da décima segunda emissão da Rumo. **Itaú**, 13 fev. 2019. Disponível em: <https://www.itau.com.br/_arquivosestaticos/itauBBA/Prospectos/Rumo_-_Aviso_ao_Mercado.PDF>. Acesso em: 13 ago. 2020.

4.2.1.3 Títulos de renda variável

Os TMV de renda variável, por sua vez, não contam com um indicador de referência, sendo remunerados conforme a variação do preço do ativo e dos dividendos distribuídos. De acordo com a Circular BCB n. 1.273, de 29 de dezembro de 1987 (BCB, 1987), classificam-se nessa categoria as ações negociadas no mercado; os bônus de subscrição; e os certificados e cotas de fundo imobiliário.

Imagine que determinado banco tenha decidido comprar ações da Petrobras, prevendo que os papéis dessa empresa teriam valorização no curto prazo. Diante dessa situação, a contabilização tem de focar no reconhecimento das variações mercadológicas do preço do ativo.

4.3 Classificação contábil e mensuração dos TVM

O registro patrimonial dos TVM e as técnicas de atualização dos valores desses ativos durante sua validade são determinados pelo BCB. Alguns desses direcionamentos seguem os preceitos já estabelecidos pelos padrões internacionais de contabilidade.

4.3.1 Classificação contábil

Os títulos e valores mobiliários, para efeito de escrituração patrimonial, são classificados segundo as pretensões da instituição bancária. Esses valores, portanto, seguindo orientações da Circular BCB n. 3.068, de 8 de novembro de 2001 (BCB, 2001), são contabilizados em três contas distintas: 1) Títulos para Negociação; 2) Títulos Mantidos até o Vencimento; e 3) Títulos Disponíveis para Venda.

Tal segmentação também é utilizada como parâmetro para a definição dos procedimentos contábeis que devem ser adotados pela instituição financeira. Niyama e Gomes (2012) explicam que essa classificação utilizada para os TVM está alinhada com os padrões estabelecidos pelo IAS 39 (Financial Instruments: Recognition and Measurement), que possibilita o reconhecimento dos rendimentos e de eventuais valorizações de desvalorizações do ativo.

Com base nesse dispositivo legal, faremos um breve relato sobre as principais características de cada categoria.

4.3.1.1 Títulos para negociação

As instituições financeiras devem classificar os títulos e valores mobiliários nessa categoria, conforme dispõe o parágrafo 1º da Circular BCB n. 3.068/2001, quando tem o propósito de negociá-los no curto prazo. Em síntese, transmite-se para os usuários dos demonstrativos contábeis a informação de que o banco tem a pretensão não de mantê-los como investimento, mas de obter ganhos com as variações observadas em curto prazo.

Essa decisão, de acordo com as normas preconizadas pelo BCB, implica a necessidade de reconhecer, no mínimo por ocasião do encerramento do balancete, as variações mercadológicas do ativo.

4.3.1.2 Títulos disponíveis para venda

Nesse grupo de classificação contábil, são direcionados os TVM que não se enquadram nas categorias Para Negociação e Mantidos até o Vencimento. É o que preleciona o parágrafo 2º da Circular BCB n. 3.068/2001, dando a esse agrupamento uma ideia de classificação "residual", já que direciona os títulos que não apresentaram características para classificação nos outros agrupamentos. De tal maneira, a organização não os destina para uma negociação imediata, tampouco tem a pretensão de mantê-los até o vencimento.

Os títulos classificados nessa categoria, semelhantemente ao que ocorre com aqueles direcionados para negociação, devem ser marcados a mercado, ao menos por ocasião do encerramento do balancete. Dessa forma, infere-se que os valores contidos no Ativo da organização estarão refletindo as variações mercadológicas atinentes ao ativo.

4.3.1.3 Títulos mantidos até o vencimento

Nessa classificação, são registrados os TVM adquiridos com o propósito de investimento; logo, a organização manifesta que não tem interesse de negociá-los no mercado.

Contrariando essa regra geral, a Circular BCB n. 3.068/2001 (BCB, 2001) estabelece uma exceção. Trata-se das ações não resgatáveis cuja intenção seja manter o valor mobiliário até o vencimento. Nesse caso, mesmo dispondo desse interesse e tendo capacidade financeira, o banco não pode registrar esse ativo como Mantido até o Vencimento, devendo direcioná-lo para Disponível para Venda.

4.3.1.4 Reclassificação das categorias

Como já informamos, os TVM são categorizados segundo os objetivos definidos pelo banco. No entanto, é sabido que eventos inesperados podem ocorrer, o que exige da instituição rever seu plano negocial, inclusive no que tange aos TVM. Diante dessa situação, é possível mudar a classificação desses ativos considerando novos propósitos estabelecidos?

De acordo com o art. 5º da Circular BCB n. 3.068/2001, essa hipótese é plausível desde que realizada no balanço semestral. Essa transferência ainda deve ocorrer pelo valor de mercado, atendendo a alguns critérios variáveis conforme a categoria de origem e destino –

> I – na hipótese de transferência da categoria títulos para negociação para as demais categorias, não será admitido o estorno dos valores já computados no resultado decorrentes de ganhos ou perdas não realizados –
>
> II – na hipótese de transferência da categoria títulos disponíveis para venda, os ganhos e perdas não realizados, registrados como componente destacado no patrimônio líquido, devem ser reconhecidos no resultado do período)
>
> a) imediatamente, quando para a categoria títulos para negociação)
>
> b) em função do prazo remanescente até o vencimento, quando para a categoria títulos mantidos até o vencimento –
>
> III – na hipótese de transferência da categoria títulos mantidos até o vencimento para as demais categorias, os ganhos e perdas não realizados devem ser reconhecidos)
>
> a) imediatamente no resultado do período, quando para a categoria títulos para negociação)
>
> b) como componente destacado no patrimônio líquido, quando para a categoria títulos disponíveis para a venda. (BCB, 2001)

Perdas permanentes dos TVM classificados como Títulos Disponíveis para Venda e Títulos Mantidos até o Vencimento, quando da mudança de categoria, são lançadas no resultado da instituição.

Por último, devemos lembrar que as movimentações do TVM nas diferentes categorias necessitam ser devidamente justificadas com documentação e motivos da administração do banco para efetivação do procedimento. Esses relatos podem ser analisados posteriormente pelo BCB.

4.3.2 Mensuração com base na classificação contábil

Ao se deparar com os conceitos pertinentes aos TVM, talvez você já tenha notado que se trata de ativos que estão sujeitos a variações mercadológicas. Quando investimos em ações, por exemplo, há ocorrência diária de oscilações, que podem ser favoráveis ou desfavoráveis ao investidor. Diante dessa realidade, no mercado financeiro, vale dizer, esses ativos estão sujeitos à **marcação a mercado**, que é o reconhecimento dessas oscilações dos valores dos ativos. Gelbcke et al. (2018) mencionam que esse procedimento, na contabilidade, equivale ao reconhecimento do valor justo do ativo.

De forma prática, para elucidarmos essa marcação a mercado, imagine que você recebeu de herança algumas joias em ouro, acompanhadas inclusive da nota fiscal de aquisição, emitida há dez anos. Para apurar o valor real desse bem, seria impreciso considerar o montante contido no documento, pois, durante esses anos, o mercado pode ter apresentado variações, podendo ter ocorrido valorização de tais bens. Esse ajuste nada mais é do que a marcação a mercado do ativo.

Para efetuar o procedimento de marcação a mercado, ou mensuração a valor justo, previamente deve-se definir onde obter informações a respeito desse "valor de mercado". Quando os ativos são negociados em bolsa de valores, fica fácil apurar essa referência, pois basta verificar as cotações disponíveis no *site* da B3. Outros ativos, por sua vez, como imóveis residenciais, por não contarem com uma padronização, apresentam maior dificuldade de apuração de valor de mercado. Com os TVM ocorre algo muito semelhante; em certos casos, o preço de mercado é facilmente identificado; em outras ocasiões, há maiores dificuldades.

Posto isso, com intuito de uniformizar as informações divulgadas ao público, o BCB determina regras a serem observadas pelos bancos, quando do reconhecimento do valor de mercado dos TVM. Esses procedimentos estão descritos na Circular BCB n. 3.068/2001, no parágrafo 1º do art. 2º. De acordo com essa norma, as instituições financeiras autorizadas pelo BCB devem aplicar metodologias consistentes, podendo empregar como referência para o valor de mercado:

- **Preço médio de negociação no dia de apuração** – Se essa informação estiver indisponível, pode-se empregar a média do dia útil anterior. É o caso dos ativos com valor facilmente identificado no mercado, como as ações negociadas na bolsa de valores e os títulos da dívida pública.

- **Valor líquido provável de liquidação** – Nesta hipótese, empregam-se modelos estatísticos que procuram aproximação da realidade financeira do ativo. Nessas equações, usualmente utilizam-se indicadores econômicos que refletem variações de preços, taxa de juros, riscos, entre outros fatores que se fazem importantes para apuração do valor de mercado.

- **Preço de instrumento financeiro semelhante** – Neste caso, para comparação dos ativos, deve-se levar em consideração o prazo de pagamento e vencimento, o risco e o indexador.

A escolha da metodologia a ser utilizada fica a cargo do banco, que deve aplicar critérios consistentes. O BCB, embora conceda essa discricionariedade, exige que as justificativas dessa escolha fiquem documentadas, a fim de executar fiscalizações posteriores. Portanto, o banco deverá atentar para a adequabilidade da avaliação do ativo aos padrões estabelecidos pelo órgão regulador.

4.4 Contabilização dos TVM

Reiteramos que as instituições financeiras devem registrar os TVM em três categorias: 1) Títulos para Negociação; 2) Títulos Disponíveis para Venda; 3) Títulos Mantidos até o Vencimento. O valor inicial do lançamento nesses grupos, de acordo com a norma, deve corresponder ao montante pago pelo título, incluindo corretagens e emolumentos.

Os lançamentos subsequentes a esse registro inicial são realizados conforme a categoria em que o título é classificado. Nesse caso, deve-se considerar periodicamente os rendimentos e as atualizações necessárias para equiparar o ativo ao valor de mercado.

Por rendimento, nessa situação, entende-se o montante obtido em determinado período mediante aplicação de um indicador sobre o valor disponível em TVM. A soma do TVM com o rendimento obtido é comparada com o valor de mercado desse mesmo ativo. Essa diferença, que pode ser positiva ou negativa, tem de ser reconhecida contabilmente nos demonstrativos financeiros do detentor do bem.

Para entender melhor todo esse dinamismo de contabilização, acompanhe agora as aplicações, as atualizações e a negociação dos TVM do Banco Delta. Esses ativos, para efeito exemplificativo, foram adquiridos em 1º de março de 2018.

Tabela 4.1 – Carteira de investimentos em TVM

Título	Valor total	Rendimento em 31/03	Valor de mercado	Classificação
Tesouro Selic	90.000	450	91.000	Para negociação
Debêntures	100.000	500	100.400	Disponíveis para venda
Tesouro IPCA	80.000	200	80.100	Mantidos até o vencimento

Essa instituição financeira, em razão de seus propósitos, classificou esses ativos nas categorias mostradas na Tabela 4.1.

4.4.1 Títulos para negociação

Com base nas informações disponíveis sobre a carteira de TVM do Banco Delta, deve-se registrar o ativo no instante da aquisição pelo valor desembolsado.

Tabela 4.2 – Registro contábil dos títulos para negociação

	Código da conta	Débito	Crédito
a. 01/03 – Aquisição do ativo			
Título de Renda Fixa – LFT	1.3.1.10.03-5 (AC)	90.000	
Depósito Bancário	1.1.2.00.00-1 (AC)		90.000
b. 01/03 – Conta de Compensação			
Títulos para Negociação	3.0.3.30.00-1 (CA)	90.000	
TVM Classificados em Categorias	9.0.3.20.00-6 (CP)		90.000

Nota: AC = Ativo Circulante; CA = conta de Compensação do Ativo; CP = conta de Compensação do Passivo.

Perceba que os registros contábeis contemplaram as contas de Ativo, Passivo e as respectivas contas de Compensação. Esse procedimento segue diretrizes do Capítulo 2 do manual do Cosif (2020), que considera fundamental essa movimentação que envolve contas patrimoniais e contas de Compensação.

Vale lembrar que as nomenclaturas do Cosif ainda não atualizaram as novas designações dos títulos da dívida pública. Portanto, nos demonstrativos divulgados nesse padrão, utilizam-se termos como *NTN*, *LTN* e *LFT*, que serviam, no passado, para representar esses ativos.

Feitas essas considerações, chega o momento de proceder ao reconhecimento contábil dos rendimentos e das oscilações do valor de mercado. Essa movimentação impacta o resultado do período e serve de base para atualização das contas de Compensação.

Tabela 4.3 – Ajustes posteriores dos títulos mantidos para negociação

	Código da conta	Débito	Crédito
a. 31/03 – Apropriação rendimento			
Títulos de Renda Fixa – LFT	1.3.1.10.03-5 (AC)	450	
Rendas de Títulos de Renda Fixa	7.1.5.10.00-0 (RC)		450
b. 31/03 – Ajuste a valor de mercado			
Título de Renda Fixa – LFT	1.3.1.10.03-5 (AC)	550	
Ajuste positivo ao valor de mercado	7.1.5.10.00-0 (RC)		55
c. 31/03 – Contas de Compensação			
Títulos para Negociação	3.0.3.30.00-1 (CA)	1.000	
TVM Classificados em Categorias	9.0.3.20.00-6 (CP)		1.000

Nota: AC = Ativo Circulante e Não Circulante; RC = Conta de Receita; CA = Conta de Compensação do Ativo; CP = Conta de Compensação do Passivo.

Na conta de Compensação, conforme elencado nos lançamentos da Tabela 4.3, efetua-se o registro do valor total dos ajustes a valor de mercado e a renda obtida no período. Dessa forma, o valor escriturado na conta de Compensação reflete o mesmo montante contabilizado no Ativo do banco.

4.4.2 Títulos disponíveis para venda

À semelhança do que descrevemos para os títulos disponíveis para negociação, realiza-se o reconhecimento inicial da aplicação em TVM.

Tabela 4.4 – Registro contábil dos títulos disponíveis para venda

	Código da conta	Débito	Crédito
a. 01/03–Aquisição do ativo			
Debêntures	1.3.1.10.65-7 (AC)	100.000	
Depósito Bancário	1.1.2.00.00-1 (AC)		100.000
b. 01/03 – Conta de Compensação			
Títulos Disponíveis para Venda	3.0.3.40.02-2 (CA)	100.000	
TVM Classificados em Categorias	9.0.3.20.00-6 (CP)		100.000

Nota: AC = Ativo Circulante e Não Circulante; CA = conta de Compensação do Ativo; CP = conta de Compensação do Passivo.

Perceba que, nesse momento inicial, o reconhecimento contábil é semelhante ao observado nos títulos para negociação. O que muda, nesse caso, é a rubrica contábil do plano de contas aplicado às instituições financeiras, em que se identifica a categoria na qual o ativo é classificado.

Tabela 4.5 – Ajustes posteriores dos títulos disponíveis para venda

	Código da conta	Débito	Crédito
a. 31/03 – Apropriação rendimento			
Debêntures	1.3.1.10.65-7 (AC)	500	
Rendas de Títulos de Renda Fixa	7.1.5.10.00-0 (RC)		500
b. 31/03 – Ajuste a valor de mercado			
Títulos Disponíveis para Venda	6.1.6.10.10-9 (PL)	100	
Debêntures	1.3.1.10.65-7 (AC)		100
c. 31/03 – Contas de Compensação			
Títulos para Negociação	3.0.3.30.00-1 (CA)	400	
TVM Classificados em Categorias	9.0.3.20.00-6 (CP)		400

Nota: AC = Ativo Circulante e Não Circulante; RC = conta de Receita; PL = Patrimônio Líquido; CA = conta de Compensação do Ativo; CP = conta de Compensação do Passivo.

No reconhecimento dos rendimentos e da atualização do bem a valor de mercado, constatam-se lançamentos nas contas de Resultado, Patrimônio Líquido e de Compensação. Os rendimentos, por serem positivos, são lançados como receita, impactando positivamente o resultado do período. Por sua vez, a atualização do bem a valor de mercado, diferentemente do que ocorre com os TVM disponíveis para negociação, é lançada na conta de Patrimônio Líquido. Nesse caso, a oscilação foi negativa, razão pela qual é levada a débito no PL com impacto redutor. Por último, no que tange às contas de Compensação, contabiliza-se a soma dos rendimentos e da atualização a valor de mercado, que, nesse caso hipotético, resultou em R$ 400,00.

4.4.3 Títulos mantidos até o vencimento

A respeito do registro de compra dos TVM mantidos até o vencimento, empregam-se procedimentos semelhantes aos observados anteriormente. Acompanhe na Tabela 4.6 essa escrituração, que envolve contas de Ativo, Passivo e de Compensação.

Tabela 4.6 – Registro contábil dos títulos mantidos até o vencimento

	Código da conta	Débito	Crédito
a. 01/03–Aquisição do ativo Título de Renda Fixa–LTN Depósito Bancário b. 01/03 – Conta de Compensação Títulos Mantidos até o Vencimento TVM Classificados em Categorias	1.3.1.10.05-9 (AC) 1.1.2.00.00-1 (AC) 3.0.3.50.00-5 (CA) 9.0.3.20.00-6 (CP)	80.000 80.000	 80.000 80.000

Nota: AC = Ativo Circulante; CA = conta de Compensação do Ativo; CP = conta de Compensação do Passivo.

Feitos esses lançamentos, a organização deve realizar os ajustes periódicos relacionados somente ao reconhecimento de rendimentos, o que é exemplificado a seguir. Vale lembrar que, mesmo que o valor do TVM, evidenciado nos demonstrativos financeiros, seja inferior ao valor de mercado, não se deve realizar ajustes contábeis, a menos que se trate de perdas comprovadamente permanentes. Isso posto, em face dos fatos analisados atinentes aos rendimentos da aplicação em Tesouro IPCA, deve-se efetuar os lançamentos demonstrados na Tabela 4.7.

Tabela 4.7 – Ajustes posteriores dos títulos mantidos até o vencimento

	Código da conta	Débito	Crédito
a. 31/03 – Apropriação rendimento Título de Renda Fixa–LTN Rendas de Títulos de Renda Fixa b. 31/03 – Contas de Compensação Títulos Mantidos até o Vencimento TVM Classificados em Categorias	1.3.1.10.05-9 (AC) 7.1.5.10.00-0 (RC) 3.0.3.50.00-5 (CA) 9.0.3.20.00-6 (CP)	200 200	 200 200

Nota: AC = Ativo Circulante e Não Circulante; RC = conta de Receita; CA = conta de Compensação do Ativo; CP = conta de Compensação do Passivo.

Isso posto, como regra geral, os títulos classificados na categoria Mantidos até o Vencimento recebem acréscimos periódicos dos rendimentos, com concomitante impacto nas contas de Resultado.

4.4.4 Rendimentos obtidos de títulos de renda variável

Os títulos de renda variável, no decorrer do período em que fiquem registrados nos Ativos da organização, podem ser fonte de rendimentos, por meio de dividendos e bônus.

Para efeito de escrituração patrimonial desses eventos, o item 1.4.2.3 do manual do Cosif (2020) determina que esses valores sejam registrados segundo o tempo durante o qual os ativos foram adquiridos:

- menos de seis meses – o registro deve ocorrer no próprio título do ativo;
- mais de seis meses – nesse caso, contabiliza-se como uma receita na conta Rendas de Títulos de Renda Variável.

4.5 Aplicações interfinanceiras de liquidez

As instituições financeiras estão autorizadas a transacionar recursos entre si em caráter de empréstimos. Esses montantes são utilizados para sanar necessidades de capital, que podem ocorrer em razão do "descasamento" entre os valores depositados no banco e aqueles que são sacados.

No mercado brasileiro, há duas modalidades desse tipo de empréstimo interbancário: 1) os depósitos interfinanceiros e 2) as operações compromissadas.

4.5.1 Depósitos interfinanceiros (DI)

Farias e Ornelas (2015) explicitam que aplicações em depósito interfinanceiro são aquelas realizadas com prazo fixo em uma instituição financeira. Trata-se, em linhas gerais, de uma maneira empregada pelos bancos para obter capital de curto prazo, usado para sanar eventuais necessidades de fluxo de caixa.

Para o Cosif (2020), a realização dessa operação acarreta obrigações para as instituições financeiras, a saber:
- promoção de controles para identificar a característica do título e os depositários;
- uma vez que são títulos transacionados na Central de Custódia e Liquidação Financeira de Títulos (Cetip), conciliação dos extratos fornecidos por essa empresa, que devem ser arquivados para eventual fiscalização.

4.5.2 Operações compromissadas

As *operações compromissadas* são assim chamadas porque estabelecem que o vendedor (parte que precisa de recursos financeiros) deve assumir o compromisso de recompra do título repassado para outra instituição (Gelbcke et al., 2018). Em síntese, há a realização de um empréstimo, em que o tomador se compromete a pagar certa quantia em um período de tempo determinado.

Essas operações, por terem garantia, são consideradas de baixo risco para aqueles que desejam comprá-las. Esse aspecto beneficia os bancos que precisam angariar recursos, pois não estão sujeitos a elevados encargos, notadamente identificados em outros tipos de operações.

Contabilmente, os títulos em operações compromissadas, respeitando os ditames do item 1.4.3.1 do Cosif (2020), devem ser classificados em uma das cinco carteiras disponíveis: 1) carteira própria bancada; 2) carteira própria financiada; 3) carteira de terceiros bancada; 4) carteira de terceiros financiada; e 5) aplicações em depósitos interfinanceiros.

Exercício resolvido

1. O Banco ABC, em junho de 2018, apresentou a seguinte carteira de títulos e valores mobiliários:

Tabela 4.8 – Descrição dos valores investidos em TVM

Título	Classificação	Valor total	Valor de mercado
Ações da Cia A	Para Negociação	200.000	230.000
Debêntures	Até o Vencimento	150.000	145.000
Tesouro Selic	Para Venda	300.000	320.000

Com base nessas informações, determine o valor a ser lançado na conta de resultado e do patrimônio líquido do banco ABC.

A variação mercadológica dos títulos classificados como Para Negociação impacta o resultado da organização. Portanto, deve-se fazer o lançamento de uma receita de R$ 30.000,00 com ajustes a valor de mercado. Variações mercadológicas ocorridas em títulos Mantidos até o Vencimento não são reconhecidas nos demonstrativos contábeis. Por sua vez, as oscilações dos TVM segmentados na conta Para Venda têm de ser lançadas no patrimônio líquido, acrescendo o saldo em R$ 20.000,00.

Perguntas & respostas

1. No contexto bancário, são expressivos os ganhos advindos dos títulos e valores mobiliários, o que, de certa forma, ressalta a importância desses ativos para as intuições financeiras. Com base nessa realidade, apresente uma definição para títulos e valores mobiliários.

Os títulos são papéis emitidos com o propósito de obtenção de recursos por empresas e governos. Os valores mobiliários, por sua vez, são títulos e contratos que dão direito de participação nas decisões e resultados de uma empresa, parceria ou remuneração.

2. **Aplicações em títulos da dívida pública, além de permitirem que os bancos obtenham rentabilidade, possibilitam diversificar riscos e reduzir exposições financeiras. O Tesouro Nacional, nesse contexto, apresenta possibilidades de aplicação, variáveis segundo prazo e indicador de rentabilidade. Quais são os títulos da dívida pública disponíveis para aplicação e em que consistem?**

- Tesouro prefixado – tem uma taxa de juros fixa, pactuada no momento da aquisição.

- Tesouro IPCA – contém uma variável atrelada às oscilações inflacionárias do país, o IPCA, e o aplicador ainda é remunerado por uma parcela fixa.

- Tesouro Selic – remunerado pela taxa Selic e uma parcela fixa.

3. **Para que os registros patrimoniais, relacionados à valorização ou à desvalorização dos TVM a valor de mercado, possam ser realizados, são demandados padrões que estabeleçam procedimentos a serem observados. Reconhecendo isso, a Circular BCB n. 3.068/2001 determinou que as instituições financeiras, para verificar a adequabilidade do preço dos seus TVM, em comparação ao valor de mercado, devem atentar para uma das três bases de informação. Quais seriam essas bases?**

    1. Preço médio de negociação no dia de apuração. Se essa informação estiver indisponível, pode-se empregar a média do dia útil anterior.

    2. Valor líquido provável de liquidação.

    3. Preço de instrumento financeiro semelhante.

4. Os depósitos interbancários, além de possibilitarem que os bancos obtenham facilmente recursos para fazer frente a uma necessidade pontual de fluxo de caixa, possibilitam que a outra ponta obtenha rendimentos financeiros. Para tanto, o Cosif determina algumas obrigações para as organizações bancárias que desejam formalizar esse tipo de transação. Quais são essas obrigações?

Promoção de controles para identificar a característica do título e os depositários; e conciliação dos extratos fornecidos pela Cetip, que devem ser arquivados para eventual fiscalização.

Para saber mais

Site

Conheça na íntegra a Circular BCB n. 3.068/2001, que embasa todos os procedimentos relacionados à escrituração patrimonial dos TVM. Realize simulações e conheça um pouco mais sobre o Tesouro Direto, acessando a página desse órgão.
TESOURO DIRETO. Disponível em: <https://simulador.tesourodireto.com.br/#/inicio>. Acesso em: 13 ago. 2020.

Síntese

Neste capítulo, versamos sobre os títulos e os valores mobiliários na perspectiva das instituições financeiras. Para o atingimento desse propósito, inicialmente abordamos alguns aspectos introdutórios sobre os TVM abrangendo diferentes conceitos dessa esfera contábil, dos rendimentos e da classificação contábil. Fornecemos alguns exemplos de aplicação de recursos em TVM com as respectivas movimentações patrimoniais. Por último, comentamos as aplicações interfinanceiras de liquidez nas modalidades de depósito interfinanceiros e operações compromissadas.

Com isso, você pôde analisar conceitos e movimentações patrimoniais concernentes aos TVM.

Questões para revisão

1. *TVM*, no mercado financeiro, é a expressão empregada para descrever as aplicações realizadas em títulos e valores mobiliários. No contexto bancário, esses aportes têm demonstrado relevância, com reflexos positivos nos resultados periódicos. Com base nesses argumentos, cite possíveis objetivos que motivem os bancos a destinarem recursos para aplicações em TVM.

2. (Esaf – 2002 – Bacen) Apresentamos abaixo assertivas relacionadas aos critérios para o registro contábil dos títulos e valores mobiliários adquiridos por instituições financeiras e demais instituições autorizadas a funcionar pelo Banco Central do Brasil, exceto cooperativas de crédito, agências de fomento e sociedades de crédito ao microempreendedor.

    Assinale a opção que contém a afirmativa **incorreta**:
    a) Devem ser classificados nas categorias: títulos para negociação, títulos disponíveis para venda, e títulos mantidos até o vencimento.
    b) Na categoria títulos para negociação, devem ser registrados aqueles adquiridos com o propósito de serem ativa e frequentemente negociados.
    c) A valorização ou a desvalorização decorrente do ajuste ao valor de mercado dos títulos classificados na categoria "títulos para negociação" deve ser efetuada em contrapartida à adequada conta de rendas/despesas a apropriar.

d) A valorização ou a desvalorização decorrente do ajuste ao valor de mercado dos títulos classificados na categoria "títulos disponíveis para venda" deve ser efetuada em contrapartida à conta destacada do patrimônio líquido.

e) Os títulos e valores mobiliários classificados nas categorias "títulos para negociação" e "títulos disponíveis para venda" devem ser ajustados pelo valor de mercado, no mínimo por ocasião dos balancetes e balanços.

3. (Cesgranrio – 2009 – Bacen) Ao final do mês em curso, a Contabilidade do Banco ABC precisa apropriar os rendimentos de suas operações com títulos de renda fixa, no valor de R$ 200.000,00.

O registro contábil, em reais, será:

a) D Disponibilidades 200.000
C Lucros com títulos de renda fixa 200.000

b) D Disponibilidades 200.000
C Lucros com intermediação financeira 200.000

c) D Títulos de renda fixa 200.000
C Rendas com títulos de renda fixa 200.000

d) D Títulos de renda fixa 200.000
C Lucros com intermediação financeira 200.000

e) D Rendas com títulos de renda fixa 200.000
C Disponibilidades 200.000

4. (Cesgranrio – 2010 – Bacen) A composição dos títulos de renda variável, no encerramento do balanço de determinado banco, está representada no quadro a seguir.

Título	Classificação	Quantidade	Custo médio	Total	Valor de mercado
Ações da Cia A	Títulos disponíveis para venda	100.000	3,00	300.000	3,20
Ações da Cia B	Títulos disponíveis para venda	150.000	4,00	600.000	4,50
Ações da Cia C	Títulos disponíveis para venda	200.000	2,50	500.000	2,00
Ações da Cia D	Títulos disponíveis para venda	80.000	4,00	320.000	4,00
Ações da Cia E	Títulos disponíveis para venda	400.000	2,00	800.000	2,20

Qual a forma correta do registro contábil, em reais, do ajuste ao valor de mercado?

a) D – Títulos e valores mobiliários 175.000
   C – Ajuste de avaliação patrimonial 175.000
b) D – Títulos e valores mobiliários 75.000
   C – Ajuste de avaliação patrimonial 75.000
c) D – Títulos e valores mobiliários 100.000
   C – Lucros com TVM 100.000
d) D – Títulos e valores mobiliários 175.000
   C – Lucros com TVM 175.000
e) D – Prejuízos com TVM 100.000
   C – Títulos e valores mobiliários 100.000

5. Entre as aplicações interbancárias, estão as operações compromissadas, que, no contexto bancário, representam a possibilidade de levantamento de recursos mediante o pagamento de uma remuneração baixa. Com base nesse contexto, como conceituar "operações compromissadas"?

Questão para reflexão

1. A depender da classificação dos TVM, há diferentes impactos no resultado da instituição com base na variabilidade do título. Levando em conta esse aspecto, como os gestores bancários poderiam influenciar no resultado institucional, reclassificando os TVM?

Operações de hedge 5

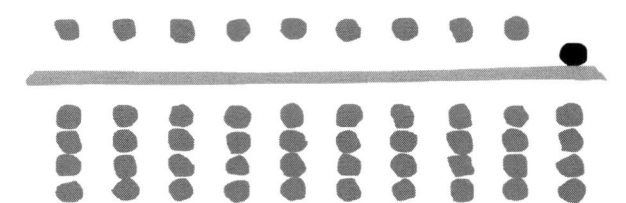

Conteúdos do capítulo

- Conceitos e finalidade do uso de derivativos.
- *Hedge* nos contratos de derivativos.
- Tipos e operacionalização de derivativos.
- Derivativos de crédito.
- Contabilização de operações de *hedge accounting*.

Após o estudo deste capítulo, você será capaz de:

1. arrolar as definições e aplicações dos contratos de derivativos;
2. identificar as operacionalizações com derivativos;
3. descrever as formas de contabilização dos contratos de derivativos.

Você consegue prever qual será o preço do litro de gasolina ou a cotação do dólar para daqui a 30 dias? Com toda certeza essa não é uma tarefa fácil, já que qualquer valor que venha a constituir uma hipótese plausível não passaria de mera especulação. Esses preços, bem como tantos outros que servem de referência no mercado de troca, são variáveis que, em uma negociação para pagamento futuro, representam riscos para as partes relacionadas.

É justamente nesse contexto que surgem os contratos de derivativos, que permitem assegurar, no presente, condições futuras de negociação. Essa prerrogativa negocial tem oferecido benefícios ao mercado ao mitigar alguns riscos atinentes às variações mercadológicas.

Para que você possa entender as nuances desse tipo de contrato em um contexto bancário, discutiremos a respeito dessa temática no decorrer deste capítulo.

5.1 Conceitos e finalidades do uso de derivativos

Para explorarmos a importância dos derivativos no contexto das instituições financeiras, faremos inicialmente uma abordagem histórica e conceitual a respeito desse instrumento de mitigação de riscos.

5.1.1 Contexto histórico

Historicamente, de acordo com Cozendey (2013), as variações cambiais e de juros mostraram-se expressivas após o fim do pacto de Bretton Woods, em 1971. Com base nesse acordo, as moedas de circulação no mundo seriam precificadas tendo como referente o dólar, que, por sua vez, teria lastros no ouro. Por outros termos, ter um montante em moeda norte-americana seria o mesmo que dispor de certa quantia em ouro. Com isso, pretendia-se alcançar um ambiente macroeconômico isento de expressivas variações monetárias. De certa forma, até o encerramento desse pacto, o mundo não enfrentou impactos dessa ordem.

Após esse período, as constantes flutuações exigiram do mercado alternativas para mitigação de riscos. Diante disso, o mercado mundial presenciou uma expansão dos contratos de derivativos, que visavam transferir riscos entre agentes econômicos.

5.1.2 Conceito de contratos de derivativos

Até este ponto do capítulo, relatamos brevemente o contexto histórico que ensejou a proliferação da demanda pelos instrumentos de derivativos. O que, então, seriam esses instrumentos?

Derivativos, de acordo com o Banco Central do Brasil (BCB), em sua Resolução n. 4.662, de 25 de maio de 2018 (BCB, 2018), art. 1º, parágrafo 1º, é um instrumento financeiro cujo "valor de mercado varia em decorrência da alteração de determinada taxa de juros, preço, instrumento financeiro, preço de mercado (*commodity*), taxa de câmbio, índice de preços ou taxas, classificação ou índice de crédito, ou outra variável similar".

Em outras palavras, *derivativos* é o termo que designa contratos que oscilam segundo um indicador de referência. Parece um pouco confuso? Acompanhe o seguinte exemplo, que vai ajudá-lo a clarificar essa conceituação: imagine que sua empresa esteja adquirindo determinada máquina nos Estados Unidos, cujo pagamento será feito em dez parcelas diretamente ao fornecedor estrangeiro. É claro que você já deve ter racionalizado que um dos riscos atinentes a essa negociação é a variação do dólar, que pode elevar substancialmente o valor dos desembolsos periódicos. Seria interessante trocar essas parcelas em dólar por um parcelamento em moeda local? Pois bem, essa possibilidade existe. Algumas organizações financeiras estão dispostas a trocar esse fluxo mediante a assinatura de um contrato de derivativos.

No decorrer desta seção, detalharemos os diversos tipos existentes e contratos de derivativos, bem como o método de utilização para as distintas estratégias.

5.1.3 Partes relacionadas

Nas operações de derivativos, explicam Assaf Neto e Lima (2017), atuam três figuras distintas: *hedger*; especulador; e o arbitrador. Esses indivíduos são caracterizados por seus propósitos:

- **Hedger** – Agente que intenciona se proteger nas variações do preço das *commodities*, de moeda estrangeira, de taxa de juros, bem como outros indicadores sujeitos a oscilações futuras. Para tanto, esses indivíduos formalizam contratos de *hedge* com intuito de travar o preço futuro. Perceba que os *hedges* não objetivam auferir lucros com os derivativos, mas minimizar os riscos.

- **Especulador** – Agente que assume os riscos em um contrato de derivativos com intuito de obter lucros nas variações mercadológicas. Pormenorizaremos a possibilidade de obtenção de ganhos nesses contratos na seção dedicada aos tipos de derivativos.
- **Arbitrador** – Figura que atua em diversos mercados, buscando distorções nos preços. De maneira exemplificativa, seria como negociar no mercado futuro a compra da saca de soja por R$ 60,00 e vendê-la em outro por R$ 62,00. O objetivo é lucrar com base em distorções observadas, sem correr riscos de oscilações.

5.1.4 Nomenclaturas utilizadas em instrumentos de derivativos

Você perceberá, ao longo deste capítulo, a presença de diversas palavras usualmente empregadas no âmbito de negociação dos contratos de derivativos. Esses termos são importantes para o entendimento desses contratos, bem como para a correta escrituração patrimonial deles. A seguir, explicitamos o significado de alguns desses termos:

- *Valor nocional* – Valor futuro do contrato, com base no item utilizado como objeto do instrumento de derivativo.
- *Ativo subjacente* – Item utilizado na realização do contrato.
- *Mercado a balcão* – Ambiente da negociação que ocorre fora da bolsa de valores, envolvendo, usualmente, somente compradores e vendedores.
- *Mercado de bolsa* – Ambiente organizado em que ocorre a negociação de títulos padronizados, em uma interação dinâmica entre compradores e vendedores. No Brasil, o exemplo dessa atuação é a B3 (Brasil Bolsa Balcão), que possibilita a interação entre os *hedgers* e os especuladores.

5.2 *Hedge* nos contratos de derivativos

Uma das possibilidades inerentes à formalização de um contrato de derivativos é a realização de *hedge*, ou seja, redução ou eliminação de risco. Dessa forma, instituições financeiras podem contratar esse tipo de instrumento para assegurar, no futuro, determinada posição concernente aos ativos e passivos. Em caso de dívidas corrigidas pelo Índice Nacional de Preços ao Consumidor Amplo (IPCA), por exemplo, existe a prerrogativa de mudar essa referência de inflação para uma taxa fixa, reduzindo o risco com perdas do poder aquisitivo da moeda. Essas operações de derivativos devem seguir uma classificação determinada pelo BCB, que direciona o devido registro patrimonial.

5.2.1 Conceito e classificação

A Circular BCB n. 3.082, de 30 de janeiro de 2002 (BCB, 2002a), classifica as operações de *hedge* em duas categorias:

1. **Hedge de risco de mercado** – Empregado para proteção contra oscilações do valor de mercado futuro, do direito ou da obrigação, que é pactuado contratualmente.

2. **Hedge de fluxo de caixa** – Utilizado para mitigação dos riscos relacionados às variações de fluxos futuros, de pagamento ou de recebimento, que podem variar com base em indicadores macroeconômicos, como inflação, taxa de juros ou cotação da moeda.

Para que os instrumentos sejam considerados de *hedge*, o art. 5º dessa mesma norma de classificação determina a existência cumulativa das seguintes características:

- Deve haver detalhamento do risco, operação, gerenciamento de risco e metodologia de verificação da efetividade do *hedge*.

- O contrato de *hedge* deve possibilitar a compensação das variações do item subjacente em uma proporção que permaneça no intervalo entre 80% e 125%. Sendo assim, uma operação de derivativos para proteger somente 50%, por exemplo, de uma obrigação em dólares não pode ser classificada como *hedge*.

- Deve existir previsão de contratação de um novo instrumento de derivativos para o período remanescente do instrumento, objeto do contrato.

- Deve haver demonstração de que variações do fluxo de caixa podem afetar os resultados da organização.

- A contraparte do contrato de derivativos não pode ser representada por organização do consolidado econômico.

Essa classificação também é útil para o adequado enquadramento contábil das operações de *hedge*. De acordo com a Circular BCB n. 3.082/2002, as organizações devem reconhecer essas operações de derivativos pelo valor de mercado. No caso dos instrumentos classificados como *hedge* de risco de mercado, essa apuração de valorização ou desvalorização deve ser lançada respectivamente nas contas de Receita ou de Despesa do período. Para os casos de *hedge* de fluxo de caixa, a parcela efetiva deve ser lançada na conta de Patrimônio Líquido; a não efetiva, por sua vez, deve ser lançada nas contas de Resultado. Por efetivo, nesse caso, entende-se o resultado da variação do ativo ou passivo, objeto do *hedge*, relacionado com o risco que se desejava mitigar.

5.3 Tipos de derivativos e respectivas operacionalizações

Os contratos de derivativos, no Brasil, podem ser negociados no balcão ou na bolsa de valores. Esses ambientes de transações variam segundo a padronização dos instrumentos, a liquidez para compra e venda e os riscos atinentes a essas operações.

No mercado de balcão, usualmente há o envolvimento de duas partes relacionadas: aquela que deseja realizar a proteção (*hedge*) e a especuladora. O contrato formalizado entre essas partes, por ocorrer fora da bolsa de valores, é customizável de acordo com a negociação realizada no momento da formalização do contrato. Por conseguinte, a liquidez configura-se como um elemento incerto, gerando risco principalmente para aquele que pretende empregar os derivativos como instrumento de proteção. Contratos a termo e *swaps* sem garantia (aqueles utilizados para troca de fluxos de pagamento futuro) são exemplificações desses instrumentos em negociações de balcão.

Por sua vez, os contratos negociados na bolsa de valores estão sujeitos à padronização. Nesse ambiente, os instrumentos de derivativos tem liquidez justamente em razão do dinamismo e da amplitude de oferta. Contratos a termo, futuros, *swaps* e opções são negociados na bolsa de valores. Além disso, para garantir a liquidação desses contratos, existe a necessidade de ajustes de margem durante a vigência deles.

Essa margem de garantia, em caso de inadimplência de uma posição, é empregada para liquidação do contrato de derivativos. Nesse caso, a câmara de compensação controla os montantes necessários para fazer frente à necessidade de garantia com base na exposição assumida. Com isso, assegura-se que o contrato seja liquidado, independentemente do prejuízo que uma das partes venha a auferir.

A seguir, detalharemos os tipos de operações com derivativos, mencionando conceitos e estratégias utilizadas para proteção e especulação.

5.3.1 Operações a termo

Nas operações a termo, há o comprometimento de compra ou venda futura de determinada mercadoria, índice econômico ou moeda. Uma das partes comparece na posição comprada, e a outra permanece na posição vendida. Esses agentes, respectivamente, assumem a responsabilidade de compra e venda, sem a necessidade de incorrer em custos iniciais.

Uma das finalidades atribuídas a esse tipo de contrato é a realização de *hedge*, mitigando riscos referentes a variações mercadológicas. No agronegócio, por exemplo, o empresário rural pode pactuar uma operação a termo que estabeleça a venda de sua produção futura por um preço previamente estabelecido. Dessa forma, o agricultor deixaria de ficar exposto ao risco de uma eventual queda nos preços, o que obviamente poderia comprometer os resultados econômicos de sua atividade. Obviamente, para que exista esse contrato, deve haver a parte compradora que vislumbre os benefícios de efetivá-lo. Essa figura aposta que os preços do produto, no futuro, serão superiores ao montante acertado na operação a termo. Trata-se, portanto, de uma atuação notadamente de especulação no mercado com pretensões de obtenção de ganhos com o risco assumido.

5.3.2 Operações futuras

Contratos futuros, semelhantemente aos contratos a termo, permitem que compradores e vendedores negociem, no presente, um preço para um ativo no futuro. No entanto, diferentemente dos demais contratos de derivativos, esse tipo de operação prevê a realização de ajustes diários com base na variabilidade do mercado.

Esses ajustes podem ter efeito positivo ou negativo no caixa da empresa a depender da direção da oscilação do ativo subjacente. Suponha, por exemplo, que um comprador está negociando um contrato futuro para aquisição de 1.000 sacas de soja, no valor de R$ 65,00 cada. No dia seguinte, caso a saca esteja sendo cotada a R$ 64,00, precisará fazer um ajuste negativo de R$ 1.000,00. Caso tivesse oscilado para cima, haveria um impacto positivo no caixa. Esse acompanhamento diário é feito com a finalidade de realizar liquidações periódicas do contrato, antecipando prejuízos ou lucros. Como, no entanto, ficaria a situação do participante do contrato que obteve um ajuste negativo e não dispõe de valor em conta para efetivação do débito?

Nessa situação, o mercado prevê o acionamento da conta Garantia. Essa conta tem o propósito de assegurar liquidez no contrato mesmo diante da inadimplência de uma das partes. Os ativos destinados para constituição dessa garantia podem ser compostos de ações, títulos da dívida pública, certificado de depósito bancário (CDB) ou valores em moeda corrente. Os percentuais a serem destinados para essa caução variam segundo o ativo de referência. Um contrato em dólares, por exemplo, exige um depósito de 15%; e um em soja, um de 4,32%.

Tais parâmetros, concernentes à margem de garantia e aos ajustes, caracterizam os contratos futuros, os quais, por serem negociados na bolsa de valores, não permitem modificações. Nesse caso, cabe às partes envolvidas na negociação somente a escolha da data do vencimento do contrato e do ativo subjacente, que constitui a referência para as variações futuras. Essa padronização coopera para a liquidez desse tipo de contrato na bolsa de valores.

5.3.3 Operações com opções

No Sistema Financeiro Nacional (SFN), *operações com opções* é a terminologia utilizada para designar um contrato de derivativos que dá o direito de comprar ou vender um ativo subjacente. Nesse caso, o proprietário do ativo lança no mercado esse instrumento financeiro que dá o benefício ao comprador – mediante o pagamento de um prêmio – de optar por exercer a condição dada por esse mecanismo. Repare que o comprador, também conhecido como *titular da operação*, não assume uma obrigação, pois pode não executar a opção adquirida. Por outro lado, o lançador da opção se compromete a negociar o ativo caso o comprador assim o queira.

Ressaltamos que, no mercado mundial, no que se refere ao momento de executar a opção, existem duas alternativas: a americana e a europeia. No caso das opções do tipo "americana", o comprador pode exercer o direito de compra ou venda em qualquer momento compreendido entre a data da aquisição do derivativo e o vencimento do contrato. Por sua vez, o tipo "europeia" apresenta uma limitação, uma vez que seu detentor somente pode exercer o direito em uma data definida no contrato.

Além disso, para designar se a operação de opções dá o direito de comprar ou vender o ativo (o objeto do contrato), utilizam-se as expressões *opção de compra* e *opção de venda*. A seguir, pormenorizamos essas duas possibilidades.

1. **Opção de compra** – Operação que dá o direito de adquirir o ativo do contrato, por determinado valor previamente estipulado. Para clarificar: imagine que você deseja adquirir ações da Petrobras, no próximo mês, por R$ 15,00. Nesse caso, será necessário buscar no mercado uma opção de compra que, mediante o pagamento de um prêmio, dê esse direito.

2. **Opção de venda** – Alternativa de contrato em que o titular tem o direito de vender o ativo objeto da negociação. Em contrapartida, o lançador fica obrigado a comprar o ativo.

Esses contratos de derivativos, já informamos, são uma alternativa para o adquirente, que pode optar em não executar a opção. Qual, então, seria o critério para não executar uma operação de opção? Usualmente, caso o ativo subjacente esteja em um preço desfavorável para compra ou venda (dependendo do tipo de contrato), o titular não exerce o direito dado por esse contrato de derivativos. Como exemplo de uma alternativa não plausível de ser executada, considere que um indivíduo adquiriu uma opção para compra de ações da Petrobras por R$ 0,80, que dá o direito de comprar esse ativo por R$ 26,00 (esse preço também é chamado de *strike price*), considerando que o preço à vista do ativo, no momento da negociação desse derivativo, está R$ 25,00. Pois bem, no instante em que é executada a opção, caso as ações estejam com um preço inferior a R$ 26,00, o titular decide não exercer seu direito, pois pode negociar o ativo por um preço menor no mercado.

5.3.4 Swap

Operações de swap, no mercado bancário, é o termo que designa a troca de fluxo de caixa futuro. Esses fluxos correspondem a um ativo ou passivo corrigidos por uma taxa ou índice que expõe a organização a um risco indesejado. Para solucionar essa questão, contrata-se uma operação de *swap*, saindo do indicador de atualização para assumir outra referência.

Empresas importadoras, por exemplo, podem utilizar esse tipo de operação para fazer *hedge* dos contratos a pagar. Imagine que essa empresa assuma compromissos futuros em dólar com o objetivo de adquirir mercadorias para revendê-las em reais no Brasil. Para sair dessa posição de exposição às oscilações da moeda estrangeira, essa empresa pode formalizar um *swap* ao trocar a variabilidade do dólar por outro índice, como o certificado de depósito interbancário (CDI). No final do contrato, a diferença entre esses índices é repassada para a parte contratante que obteve vantagens com a variabilidade.

Além disso, destacamos que as operações de *swap* podem ser formalizadas no balcão ou na bolsa de valores. A diferença básica do fechamento nesses dois tipos de mercado reside na liquidez e no chamamento de margem. Operações registradas na bolsa de valores, diferentemente das demais, apresentam maior liquidez para negociação e exigem ajustes de margem durante a vigência do contrato.

5.4 Derivativos de crédito

Conforme explicitamos nos capítulos anteriores, as instituições financeiras estão sujeitas a riscos ligados à concessão de crédito bancário. Entre essas intempéries, destacam-se: a probabilidade de rebaixamento do risco de crédito da operação; a inadimplência do tomador do crédito, que obstaculiza o retorno dos recursos para os cofres bancários; e riscos que envolvem o *spread* negociado, que, em razão de mudanças econômicas, pode ficar abaixo das condições de mercado. Em face dessas possibilidades inerentes à atividade bancária, desde 2002 as instituições financeiras estão autorizadas a formalizar contratos de derivativos de crédito com o intuito de abrandar esses riscos ou angariar recursos ao assumir riscos de outras organizações financeiras.

5.4.1 Conceitos

No âmbito conceitual, derivativos de crédito, de acordo com a Resolução BCB n. 2.933, de 28 de fevereiro de 2002 (BCB, 2002b), art. 1º, parágrafo 3º, são "contratos onde as partes negociam o risco de crédito de operações, sem implicar, no ato da contratação, a transferência do ativo subjacente às referidas operações". Em outras palavras, a exemplo do que ocorre com os outros instrumentos de derivativos, há uma negociação somente de um indicador de referência, não representando a compra ou venda da operação de crédito.

As partes envolvidas nessa negociação são representadas pela transferidora de risco (*hedger*) e a receptora de risco (especulador). De acordo com o disposto no primeiro parágrafo do artigo 1º da já citada resolução, somente podem atuar como receptor do risco de crédito os bancos múltiplos, a Caixa Econômica Federal, os bancos comerciais, os bancos de investimento, as sociedades de crédito, de financiamento e de investimento, as sociedades de crédito imobiliário e as sociedades de arrendamento mercantil. Na outra ponta do contrato, a norma amplia a utilização dos derivativos de crédito, sendo possível empregá-los por todas as organizações autorizadas a funcionar pelo BCB.

Salientamos que os contratos de derivativos de crédito somente são negociados no balcão. Sendo assim, pode-se considerar que esse tipo de operação apresenta liquidez reduzida justamente por não ser transacionada na bolsa de valores.

5.4.2 Modalidade de derivativos de crédito

No mercado a balcão, em consonância com a Circular BCB n. 2.933/2002, é possível negociar dois tipos de contratos de derivativos de crédito, a saber:

1. **Swap de crédito** – Situação em que o comprador do derivativo de crédito, objetivando realizar *hedge* de determinado montante de operações de crédito, paga periodicamente uma taxa ao vendedor do instrumento. Quando ocorre a perda do crédito, a parte compradora do instrumento de derivativo recebe o montante pactuado no contrato para cobrir o prejuízo observado.

2. **Swap de taxa de retorno total** – Modalidade em que a parte receptora do risco de crédito aufere a remuneração do ativo subjacente, objeto do contrato de derivativos. Em troca dessa negociação, a instituição financeira concede o retorno de outro fluxo de caixa. Nessa situação, o risco da operação de crédito, objeto do contrato de *swap*, é transferido completamente sem a venda efetiva do ativo subjacente. Acrescentamos que, diferentemente do *swap* de crédito, a troca de fluxos ocorre sem condicionantes.

5.4.3 Contabilização dos derivativos de crédito

No que se refere à contabilização das operações de derivativos de crédito, os procedimentos seguem quase a mesma lógica dos demais instrumentos empregados com a finalidade de *hedge*, com algumas peculiaridades, as quais estão elencadas no item 1.5.4 do Manual de Normas do Sistema Financeiro (Cosif, 2020). A seguir, transcrevemos um resumo dos lançamentos necessários para a correta escrituração desse tipo de contrato.

- Registro do contrato nas contas de Compensação para o derivativo de crédito transferido em contas de Compensação do Ativo e Passivo (3.0.6.55.00-9 e 9.0.6.55.00-1) e para o Derivativo de Crédito Recebido (3.0.6.57.00-7 e 9.0.6.57.00-9).

- Reconhecimento do contrato na conta Derivativos de Crédito – Ativo. O receptor do risco de crédito deve registrar esse instrumento de derivativos na conta Derivativos de Crédito – Passivo (4.7.1.80.00-0). Por sua vez, a contraparte transferidora do risco efetua o lançamento na conta Derivativos de Crédito – Ativo (1.3.3.80.00-9). No decorrer do período, é necessário realizar as contrapartidas nessas contas patrimoniais, com o reconhecimento, respectivamente, de receita e despesa. Caso o evento de perda ocorra antes do encerramento do contrato, as instituições se apropriam integralmente dos valores contabilizados a título de derivativos.

- Avaliação a valor de mercado, no mínimo mensalmente. Caso se observe alguma variabilidade no valor do título, a instituição financeira tem de reconhecer patrimonialmente essa mudança.

- Reconhecimento de provisões, no Passivo, para os riscos recebidos em operações de crédito. Esse registro deve ser feito nos demonstrativos contábeis do receptor do risco (especulador), na rubrica contábil 4.9.9.40.00-4 (conta de Passivo). As regras de provisão obedecem aos mesmos preceitos de um instrumento de crédito, em que cada operação é classificada por risco, o que indica o montante a ser provisionado. Os demais procedimentos, tanto para a parte compradora quanto para a parte vendedora, seguem a mesma lógica dos demais instrumentos de derivativos.

5.5 Contabilização de operações de derivativos

Nesta seção, trataremos de algumas peculiaridades da contabilização dos contratos de derivativos. Depois, ao abordarmos a escrituração patrimonial desses instrumentos, exemplificaremos a empregabilidade de alguns conceitos aqui expostos.

Antes de darmos continuidade à abordagem, convém recordar que as organizações financeiras devem seguir os preceitos contábeis disponíveis no Plano Contábil das Instituições do Sistema Financeiro Nacional (Cosif) para a realização das escriturações patrimoniais. Essas regras, para os casos de *hedge*, seguem os ditames da Circular BCB n. 3.082/2002. Em conformidade com esses procedimentos, no decurso do tempo, as organizações devem reconhecer essas operações de derivativos pelo valor de mercado.

5.5.1 Contabilização dos contratos a termo

A Circular BCB n. 3082/2002, em seu art. 1º, estabelece que as operações a termo devem ser registradas pelo valor final do contrato, deduzindo-se, mediante uma conta Retificadora Interna, a diferença desse montante para o valor do bem à vista. Essa diferença é apropriada como despesa ou receita (dependendo se a organização é compradora ou vendedora) no decurso do contrato.

Para compreender melhor essa norma emitida pelo BCB, considere o caso prático a seguir, em que o Banco ABC assinou, em 1º de março de 2018, um contrato a termo com o Banco Alfa, comprometendo-se a vender US$ 100.000,00 por R$ 400.000,00, em 30 de abril de 2018. Em linhas gerais, estrategicamente, o Banco ABC buscou proteger-se contra uma eventual variação da moeda, fixando a cotação em um momento futuro.

Para exemplificar, consideremos que, nos meses posteriores à assinatura do instrumento, o mercado apresentou as seguintes cotações do dólar:

- Ptax[1] 31 de março: R$ 3,95
- Ptax 30 de abril: R$ 4,05

Com base nessas informações, devem ser feitos os seguintes lançamentos contábeis:

a) Banco Alfa (comprador)

O Banco Alfa, que figura como comprador no contrato a termo, assumindo o risco da variação cambial, deve realizar os registros contábeis da Tabela 5.1 no momento da formalização do contrato.

Tabela 5.1 – Aquisição de contrato a termo

	Código da conta	Débito	Crédito
a. 01/03 – Aquisição de contrato a termo			
Compras a Termo a Receber	1.3.3.30.00-4 (AC)	390.000	
Obrigações por Compra a Termo	4.7.1.30.40-7 (PC)		400.000
Obrigações Compra a Termo (Interno)	4.7.1.30.40-7 (PC)	10.000	
Contrato a Termo	3.0.6.10.40-8 (CA)	400.000	
Ativo Financeiro	9.0.6.10.00-8 (CP)		400.000

Nota: AC = Ativo Circulante; PC = Passivo Circulante; CA = conta de Compensação do Ativo; CP = conta de Compensação do Passivo.

Perceba que a primeira movimentação gerou um registro no Ativo e no Passivo da instituição, já que esta, embora tenha assumido a obrigação de comprar o ativo, ao mesmo tempo tem o direito de comprá-lo pelo preço estabelecido. A utilização da conta Retificadora no Passivo segue as orientações emanadas pelo BCB, devendo receber contrapartidas de receitas no decorrer do contrato, conforme demonstraremos a seguir.

---

1 *Ptax* é o nome dado à taxa média da moeda em determinado dia, que é fornecida pelo BCB.

Repare também que o valor nocional do contrato deve ser registrado em contas de Compensação (3.0.6.10.40-8 e 9.0.6.10.00-8).

No encerramento do mês, a instituição ainda deve realizar o ajuste do contrato a valor de mercado, que pode resultar em uma despesa ou receita. No caso em questão, como o dólar valorizou perante o real, há o reconhecimento de uma receita. Além dessa contabilização, é preciso lançar a parcela proporcional das despesas com contrato a termo. Como o pacto foi estabelecido para dois meses, com um deságio de R$ 10.000,00, faz-se necessário reconhecer mensalmente uma despesa de R$ 5.000,00, conforme apresentado na Tabela 5.2.

Tabela 5.2 – Ajuste a valor de mercado do contrato a termo

	Código da conta	Débito	Crédito
b. 31/03 – Ajuste a valor de mercado			
Compras a Termo a Receber	1.3.3.35.40-1 (AC)	5.000	
Rendas em Operações com Derivativos	7.1.5.80.21-2 (RC)		5.000
c. 31/03 – Apropriação de despesa			
Despesa com Operação a Termo	8.1.5.50.21-8 (DS)	5.000	
Obrigações Compra a Termo (Interno)	4.7.1.30.40-7 (PC)		5.000

Nota: AC = Ativo Circulante (e Realizável a Longo Prazo); RC = conta de Receita; DS = conta de Despesa; PC = Passivo Circulante (Exigível a Longo Prazo).

No momento da liquidação do contrato a termo, o primeiro procedimento a ser realizado é o lançamento do ajuste a valor de mercado e da despesa, a exemplo do que foi feito anteriormente. Assim, contabilizam-se R$ 10.000,00 de renda com operações de derivativos (a cotação da moeda passou de R$ 3,95 para R$ 4,05) e o restante da despesa com operação a termo (R$ 5.000,00).

Após realizar esse procedimento, deve-se efetivamente reconhecer a liquidação do contrato. Para tanto, o saldo das contas de Ativo (1.3.3.35.40-7) e Passivo (4.7.1.30.40-7) deve ser zerado, em contrapartida com a conta de disponibilidade, como evidenciado na Tabela 5.3.

Tabela 5.3 – Liquidação do contrato a termo

	Código da conta	Débito	Crédito
d. 30/04 – Ajuste a valor de mercado			
Compras a Termo a Receber	1.3.3.35.40-1 (AC)	10.000	
Rendas em Operações com Derivativos	7.1.5.80.21-2 (RC)		10.000
e. 30/04 – Apropriação da despesa			
Despesa com Operação a Termo	8.1.5.50.21-8 (DS)	5.000	
Obrigações Compra a Termo (Interno)	4.7.1.30.40-7 (PC)		5.000
f. 30/04 – Liquidação do contrato			
Depósito Bancário	1.1.2.00.00-2 (AC)	405.000	
Compras a Termo a Receber	1.3.3.35.40-1 (AC)		405.000
Obrigações Compra a Termo	4.7.1.30.40-7 (PC)	400.000	
Depósito Bancário	1.1.2.00.00-2 (AC)		400.000

Nota: AC = Ativo Circulante (e Realizável a Longo Prazo); RC = conta de Receita; DS = conta de Despesa; PC = Passivo Circulante (Exigível a Longo Prazo).

Perceba que o efeito na conta Caixa do contrato a termo foi de R$ 5.000,00 positivos, o que reflete o resultado desse contrato. Isso ocorreu em razão de a moeda ter apresentado, na liquidação, uma cotação superior à do fechamento do contrato. Assim, o comprador obteve um resultado positivo, já que estaria comprando dólares a R$ 4,00 em um contexto no qual o mercado cobrava R$ 4,05.

b) Banco ABC (vendedor)

Trataremos também do processo de contabilização da outra parte do contrato, que figura como vendedor. Essa organização em questão, no reconhecimento inicial, deve realizar os lançamentos contábeis indicados na Tabela 5.4.

Tabela 5.4 – Venda de contrato a termo

	Código da conta	Débito	Crédito
a. 01/03 – Venda de contrato a termo			
Vendas a Termo	1.3.3.35.40-1 (AC)	400.000	
Vendas a Termo (Interno)	1.3.3.35.40-1 (AC)		10.000
Obrigações para Venda a Termo	4.7.1.40.40-4 (PC)		390000
Contrato a Termo	3.0.6.10.40-8 (CA)	400.000	
Ativo Financeiro	9.0.6.10.00-8 (CP)		400.000

Nota: AC = Ativo Circulante (e Realizável a Longo Prazo); PC = Passivo Circulante (Exigível a Longo Prazo); CA = conta de Compensação do Ativo; CP = conta de Compensação do Passivo.

Posteriormente ao primeiro registro, faz-se necessário reconhecer as receitas proporcionalmente ao termo pactuado. Como a venda inicial previa um ágio de R$ 10.000,00, deve-se apropriar mensalmente essa receita, conforme as orientações do Cosif.

Tabela 5.5 – Ajuste a valor de mercado

	Código da conta	Débito	Crédito
b. 31/03 – Ajuste a valor de mercado			
Despesas com Operação de Derivativos	8.1.5.50.21-8 (DS)	5.000	
Obrigações para Venda a Termo	4.7.1.40.40-4 (PC)		5.000
c. 31/03 – Apropriação de receita			
Vendas a Termo (uso interno)	1.3.3.35.40-1 (AC)	5.000	
Rendas Operações a Termo	7.1.5.80.21-2 (RC)		5.000

Nota: DS = conta de Despesa; PC = Passivo Circulante (Exigível a Longo Prazo); AC = Ativo Circulante (e Realizável a Longo Prazo); RC = conta de Receita.

Na liquidação, o banco tem de reconhecer o ajuste a valor de mercado, a renda do período, e zerar as contas de Obrigações para Venda a Termo e Venda a Termo. Observe na Tabela 5.6 que o banco obteve um resultado negativo no contrato a termo em virtude dos ajustes a valor de mercado. Esse efeito gera impactos na conta de Disponibilidades (– R$ 5.000,00).

Tabela 5.6 – Liquidação de operação com derivativos

	Código da conta	Débito	Crédito
d. 30/04 – Ajuste a valor de mercado			
Despesas com Operação de Derivativos	8.1.5.50.21-8 (DS)	10.000	
Obrigações para Venda a Termo	4.7.1.40.40-4 (PC)		10.000
e. 30/04 – Apropriação de receita			
Venda a Termo (uso interno)	1.3.3.35.40-1 (AC)	5.000	
Rendas Operações a Termo	7.1.5.80.21-2 (RC)		5.000
f. 30/04–Liquidação			
Obrigações para Venda a Termo	4.7.1.40.40-4 (PC)	405.000	
Depósito Bancário	1.1.2.00.00-1 (AC)		405.000
Depósito Bancário	1.1.2.00.00-1 (AC)	400.000	
Venda a Termo	1.3.3.35.40-1 (AC)		400.000

Nota: DS = conta de Despesa; PC = Passivo Circulante (Exigível a Longo Prazo); AC = Ativo Circulante (e Realizável a Longo Prazo); RC = conta de Receita.

Caso a variação do contrato de derivativos fosse positiva, deveria ser feito o registro de uma receita com operações de derivativos e, consequentemente, um ajuste positivo na conta de Disponibilidades.

5.5.2 Contabilização dos contratos futuros

Como já afirmamos, uma das principais características dos contratos futuros é a necessidade de realizar ajustes periódicos. Reconhecendo essa peculiaridade, o Cosif (2020), no item 1.4.4.1, orienta que as organizações bancárias registrem esses ajustes nas contas de Receita ou Despesa, com contrapartida ao Ativo ou Passivo, a depender do resultado auferido. Essa escrituração deve ocorrer no mínimo mensalmente quando do fechamento do balancete. No entanto, usualmente as entidades bancárias executam esse procedimento diariamente, vislumbrando tempestividade na apuração do montante necessário para a constituição de garantia da operação.

A seguir, ilustramos esse procedimento contábil. Considere que o Banco Alfa deseja sair da exposição da variabilidade do dólar. Para que isso ocorra, essa entidade necessita comprar contratos futuros em dólar, por um preço preestabelecido.

Dessa forma, o banco não será surpreendido por uma variação dessa moeda, já que "travou" a compra de dólares no futuro. Elencamos a seguir as demais características desse contrato:

- Data da compra: 26 de abril de 2018
- Quantidade de contratos: 5
- Valor de cada contrato: US$ 10.000,00
- Vencimento: 30 de abril
- Garantia: R$ 30.000,00 de letras do Tesouro Direto
- Taxa de conversão para o contrato futuro: US$ 1,00 = R$ 4,00
- Ptax do dia 27 de abril: R$ 3,95
- Ptax do dia 30 de abril: R$ 4,05

Primeiramente, seguindo os preceitos do manual contábil aplicado ao setor bancário, a entidade deve registrar o valor nocional do contrato de derivativos nas contas de Compensação. Em seguida, faz-se necessária a constituição de garantias, que devem representar 15% do valor nocional do contrato futuro em dólar. Portanto, diante dessas movimentações, tem-se a evidenciação contábil exposta na Tabela 5.7.

Tabela 5.7 – Registro do contrato de *hedge*

	Código da conta	Débito	Crédito
a. 01/04 – Registro do contrato *Hedge* de Risco de Mercado Derivativos Qualificados como *Hedge*	3.0.6.60.30-0 (CA) 9.0.6.80.00-7 (CP)	200.000	200.000
b. 01/04 – Constituição de garantia Depósito de Margem Garantia TVM – LFT	1.8.4.05.20-2 (AC) 1.3.1.10.03-5 (AC)	30.000	30.000

Nota: CA = conta de Compensação do Ativo; CP = conta de Compensação do Passivo; AC = Ativo Circulante (e Realizável a Longo Prazo).

Feito isso, é necessário apurar diariamente os ajustes a serem registrados contabilmente, que ocorrem por força das oscilações da moeda. Tendo informação da Ptax da moeda, é possível calcular esses valores com base no valor do contrato futuro, conforme Tabela 5.8.

Tabela 5.8 – Variação da moeda estrangeira

Data	Conversão em moeda nacional	Ajuste
01/04	US$ 50.000,00 × 4,00 = R$ 200.000,00	-
27/04	US$ 50.000,00 × 3,95 = R$ 197.500,00	- R$ 2.500,00
30/04	US$ 50.000,00 × 3,97 = R$ 198.500,00	R$ 1.000,00

A instituição necessita escriturar esses ajustes no decorrer do mês. Por figurar na ponta compradora de um contrato futuro em dólares, uma desvalorização da moeda acarreta um ajuste negativo. Uma aferição da mesma moeda, por sua vez, proporciona um ajuste positivo. No exemplo em análise, para efeito de contemplação das possibilidades de escrituração, abordamos as duas situações de ajuste.

Além dessa consideração, devemos lembrar que os ajustes são realizados com o objetivo de garantir que o contrato seja executado mesmo diante de um cenário desfavorável para uma das partes envolvidas na negociação. Portanto, para efeito de exemplificação, cabe fazer a liquidação desse ajuste em contrapartida ao caixa, conforme demonstramos na Tabela 5.9.

Tabela 5.9 – Liquidação dos ajustes a valor de mercado

	Código da conta	Débito	Crédito
a. 27/04 – Ajuste negativo			
Mercados Futuros – Ajustes Diários	1.3.3.45.10-9 (AC)	2.500	
Caixas de Registro e Liquidação	4.9.5.10.00-1 (PC)	2.500	
b. 27/04 – Liquidação de ajustes			
Caixas de Registro e Liquidação	4.9.5.10.00-1 (PC)		2.500
Reserva Bancária	1.1.2.00.00-2 (AC)		2.500
c. 31/04 – Ajuste positivo			
Caixa de Registro e Liquidação	1.8.4.10.00-8 (AC)		1.000
Mercados Futuros – Ajustes Diários	4.7.1.50.00-9 (PC)	1.000	
d. 31/04 – Liquidação do ajuste			
Reserva Bancária	1.1.2.00.00-2 (AC)	1.000	
Caixa de Registro e Liquidação	4.7.1.50.00-9 (PC)		1.000

Nota: AC = Ativo Circulante (e Realizável a Longo Prazo); PC = Passivo Circulante (Exigível a Longo Prazo).

Os procedimentos subsequentes são concernentes à liquidação do contrato de derivativos. De acordo com o Cosif (2020), as contas 1.3.3.45.10-9 e 4.7.1.50.00-9 devem apresentar saldo zerado no encerramento do balancete, em contrapartida das contas de Despesa e Receita, respectivamente. Os montantes relacionados ao contrato, registrados nas contas de Compensação, também devem ser "zerados". Por último, em decorrência do encerramento do contrato de derivativos, a garantia constituída deve ser desfeita, haja vista que o contrato foi devidamente liquidado. Observe esses lançamentos na Tabela 5.10.

Tabela 5.10 – Encerramento do contrato de derivativos

	Código da conta	Débito	Crédito
a. 31/04 – Apropriação de despesa			
Despesa com Operação Futura	8.1.5.50.31-1 (DS)	1.500	
Mercados Futuros – Ajustes Diários	4.7.1.50.00-9 (PC)	1.000	
Mercados Futuros – Ajustes Diários	1.3.3.45.10-9 (AC)		2.500
b. Encerramento do contrato			
Derivativos Qualificados como *Hedge*	9.0.6.80.00-7 (CP)	200.000	
Hedge de Risco de Mercado	3.0.6.60.30-0 (CA)		200.000
c. Encerramento da garantia			
TVM – LFT	1.3.1.10.03-5 (AC)	30.000	
Depósito de Margem Garantia	1.8.4.05.20-2 (AC)		30.000

Nota: DS = conta de Despesa; PC = Passivo Circulante (Exigível a Longo Prazo); AC = Ativo Circulante (e Realizável a Longo Prazo); CA = conta de Compensação do Ativo; CP = conta de Compensação do Passivo.

Na situação em foco, a entidade apresentou um resultado negativo com a operação de derivativos. Como podemos explicar que uma organização que buscava *hedge* de sua posição tenha obtido um resultado desfavorável? Lembre-se de que o propósito do Banco Alfa era assegurar determinada conversão de divisas (US$ 1,00 = R$ 4,00), saindo do risco da variabilidade da moeda estrangeira. Por essa decisão, o banco tem uma posição travada, devendo pagar ou receber valores que respectivamente sejam menores ou maiores que a cotação previamente determinada. Logo, o propósito do *hedger* não é auferir lucros, mas sair de uma posição de risco.

5.5.3 Contabilização dos contratos de opções

Nos contratos com opções, o Cosif (2020), no item 1.4.4.1, determina que deve ser registrado um Ativo ou Passivo pelo valor do prêmio pago ou recebido. Isso significa que, se a instituição financeira é lançadora da opção, ela deve reconhecer um Passivo, já que está assumindo um compromisso com o titular do contrato de derivativo. Já quando a organização é compradora da opção, ocorre um acréscimo nas contas de Ativo.

Posteriormente, quando da liquidação desses contratos de derivativos, esses Ativos ou Passivos são reduzidos. A contrapartida é a redução ou a elevação do custo do bem, quando ocorre a efetiva execução do direito dado pelo contrato de opção. Por sua vez, caso o titular não exerça a opção, tem-se o reconhecimento de uma Receita ou Despesa a depender do resultado alcançado pelo lançador.

Para detalharmos esse procedimento, considere que o Banco ABC vendeu, em 21 de janeiro de 2018, opções de compra das ações da Vale S.A., nas seguintes condições:

- Ativo: VALE 3
- Preço do ativo em 21 de janeiro: R$ 54,00
- Quantidade de ações: 100
- Preço de exercício em 19 de fevereiro de 2018: R$ 54,89
- Prêmio: R$ 2,11

Para esse caso, faz-se um registro patrimonial com impacto nas contas de Ativo, de Passivo e de Compensação.

Tabela 5.11 – Venda de opções

	Código da conta	Débito	Crédito
a. 21/01 – Venda opções			
Depósito Bancário	1.1.2.00.00-1 (AC)	211	
Prêmio de Opções Lançadas	4.7.1.60.10-9 (PC)		211
Contrato de Ações, Ativos Financeiros e Mercadorias	3.0.6.10.40-8 (CA)	5.400	
Ações, Ativos Financeiros e Mercadorias Contratadas	9.0.6.10.00-8 (CP)		5.400

Nota: AC = Ativo Circulante (e Realizável a Longo Prazo); PC = Passivo Circulante (Exigível a Longo Prazo); CA = conta de Compensação do Ativo; CP = conta de Compensação do Passivo.

Na data da execução da opção, a instituição lançadora tem de apurar o resultado da negociação para então efetuar o devido registro patrimonial. No caso hipotético ora em foco, imagine que a ação estava sendo negociada a R$ 53,95. Nessa condição, é economicamente inviável exercer um direito de comprar um ativo pelo preço estabelecido no contrato de derivativo, sendo recomendável, por isso, não o fazer. Assim, a não execução dessa opção gera a escrituração patrimonial no Banco ABC descrita na Tabela 5.12.

Tabela 5.12 – Liquidação da opção não executada

	Código da conta	Débito	Crédito
b. 19/02 – Liquidação da opção			
Prêmio de Opções Lançadas	4.7.1.60.10-9 (PC)	211	
Rendas com Derivativos – Opções	7.1.5.80.41-8 (RC)		211

Nota: PC = Passivo Circulante (Exigível a Longo Prazo); RC = conta de Receita.

Caso a opção fosse exercida, a instituição deveria baixar o Ativo representativo desse contrato de derivativo, tendo como contrapartida o custo do Ativo Subjacente.

5.5.4 Contabilização dos contratos de *swaps*

O item 1.4.4.1 do manual do Cosif (2020) também orienta que os contratos de *swap* devem ser registrados pela diferença a receber ou a pagar. Esse montante é apurado no decurso do tempo, durante o qual as organizações contratantes podem verificar a variabilidade dos índices e preços que serviram como parâmetro para contratação dos derivativos. Em outras palavras, trata-se da contabilização das receitas ou despesas com operações de *swap*.

No momento da contratação desse tipo de operação, há impacto somente nas contas de Compensação. Portanto, o registro inicial não impacta as contas de Ativo e Passivo da organização, fazendo parte somente do conteúdo informacional das contas de Compensação.

De forma didática, para facilitar o entendimento desse procedimento, apresentaremos um caso hipotético de contratação de *swap* com *hedge*. Para tanto, considere que o Banco ABC tem uma dívida de US$ 100.000,00 para ser liquidada em 31 de março de 2018. Essa instituição deseja proteger-se contra as variações da moeda estrangeira assumindo compromisso em CDI, ou seja, realizando um *hedge* da obrigação passiva. Por outro lado, o Banco Alfa pretende trocar uma dívida equivalente em reais, mas sujeita a ajustes de 180% do CDI, por uma obrigação em dólares. As duas instituições, almejando atingir esses objetivos, formalizam um contrato de *swap*, de acordo com as condições apresentadas a seguir:

- Dólar Ptax em 1º de março: R$ 3,70
- Dólar Ptax em 31 de março: R$ 3,95
- Variação do CDI no período: 0,95% (180% do CDI)

A seguir, detalhamos as características dessa formalização.

a) Banco ABC

O registro inicial do contrato leva em consideração o valor nocional do pacto, que deve ser lançado em contas de Compensação. Essa escrituração ocorre por ocasião da contratação do *swap* e do *hedge*, conforme demonstrado na Tabela 5.13.

Tabela 5.13 – Registro contábil da contratação de *swap* pelo Banco ABC

	Código da conta	Débito	Crédito
a. 01/03 – Contratação *swap*			
Hedge Fluxo de Caixa – Ativo	3.0.6.70.00-8 (CA)	370.000	
Hedge Fluxo de Caixa – Passivo	9.0.6.70.00-0 (CP)		370.000
b. 01/03 – Registro de *hedge*			
Itens Objeto de *Hedge*	3.0.6.90.00-2 (CA)	370.000	
Ativo Objeto de *Hedge*	9.0.6.90.00-4 (CP)		370.000

Nota: CA = conta de Compensação do Ativo; CP = conta de Compensação do Passivo.

Em 31 de março, faz-se necessário o reconhecimento do Diferencial a Pagar ou a Receber, por ocasião das oscilações dos índices, conforme evidenciado na Tabela 5.14.

Tabela 5.14 – Variação da moeda estrangeira

Data	Ponta Dólar	Ponta CDI
01/03	US$ 100.000,00 × 3,7 = R$ 370.000,00	R$ 370.000,00
31/03	US$ 100.000,00 × 3,95 = R$ 395.000,00	R$ 370.000,00 × 0,95 = R$ 351.500,00
Diferencial	Pagamento de R$ 43.500,00	Recebimento de R$ 43.500,00

Perceba que o Banco ABC, que assumiu a "ponta CDI", recebe R$ 43.500,00 em razão de a variação do dólar ter sido superior à do CDI. Lembre-se de que essa organização deixou de ficar exposta às oscilações do dólar e passou a assumir o risco das variabilidades do CDI. Nesse caso hipotético, essa troca obteve resultado positivo, que deve ser reconhecido como receitas provenientes de derivativos.

Tabela 5.15 – Contabilização das variações a valor de mercado

	Código da conta	Débito	Crédito
a. 31/03 – Diferencial a receber			
Op. *Hedge* – Diferencial a Receber	1.3.3.15.10-8 (AC)	43.500	
Rendas com Derivativos – *Swaps*	7.1.5.80.11-9 (RC)		43.500
b. 31/03 – Recebimento de diferencial			
Reservas Livres	1.1.3.10.00-2 (AC)	43.500	
Op. *Hedge* – Diferencial a Receber	7.1.5.80.11-9 (RC)		43.500

Nota: AC = Ativo Circulante (e Realizável a Longo Prazo); RC = conta de Receita.

No encerramento desse contrato, as contas de Compensação são zeradas mediante o movimento inverso da contratação do *swap* e do registro de *hedge*.

Tabela 5.16 – Contabilização do encerramento do contrato

	Código da conta	Débito	Crédito
a. 31/03 – Encerramento do contrato			
Hedge Fluxo de Caixa – Passivo	9.0.6.70.00-0 (CP)	370.000	
Hedge Fluxo de Caixa – Ativo	3.0.6.70.00-8 (CA)		370.000
b. 31/03 – Liberação do ativo			
Ativo Objeto de *Hedge*	9.0.6.90.00-4 (CP)	370.000	
Itens Objeto de *Hedge*	3.0.6.90.00-2 (CA)		370.000

Nota: CA = conta de Compensação do Ativo; CP = conta de Compensação do Passivo.

b) Banco Alfa

No caso do Banco Alfa, a contabilização do registro inicial, do encerramento do contrato e da liberação do ativo segue o mesmo procedimento observado no caso do Banco ABC. Para a escrituração do diferencial, já que a instituição obteve um resultado negativo do *swap*, ocorre uma movimentação diferente da outra organização, conforme elucidado na Tabela 5.17.

Tabela 5.17 – Contabilização do diferencial

	Código da conta	Débito	Crédito
a. 31/03 – Diferencial a pagar			
Despesa com Derivativos – *Swaps*	3.0.6.70.00-8 (CA)	43.500	
Op. *Hedge* – Diferencial a Pagar	4.7.1.10.10-4 (PC)		43.500
b. 31/03 – Pagamento de diferencial			
Op. *Hedge* – Diferencial a Pagar	4.7.1.10.10-4 (PC)	43.500	
Reservas Livres	7.1.5.80.11-9 (RC)		43.500

Nota: CA = conta de Compensação do Ativo; PC = Passivo Circulante (Exigível a Longo Prazo); RC = conta de Receita.

Exercício resolvido

1. O Banco Mitiga S.A. tem uma dívida de US$ 70.000,00 e deseja proteger-se contra as oscilações da moeda estrangeira, assumindo uma posição de risco na variabilidade do CDI. Tendo esse interesse, tal organização formaliza um contrato de *swap* em 1º de abril, com vencimento em 30 de abril. A seguir apresentamos os dados referentes a esse pacto.

- Dólar Ptax 1º de abril: R$ 3,75
- Dólar Ptax 30 de abril: R$ 3,90
- Variação % do CDI contratado: 1,05%
- Valor nocional: R$ 262.500,00 (70.000,00 × 3,75)

Com base nessas informações, indique qual seria o diferencial calculado por ocasião do encerramento do contrato.

Data	Ponta Dólar	Ponta CDI
01/04	US$ 70.000,00 × 3,7 = R$ 262.500,00	R$ 262.500,00
30/04	US$ 70.000,00 × 3,90 = R$ 273.00,00	R$ 262.500,00 × 1,0105 = R$ 265.256,00
Diferencial	Pagamento de R$ 7.744,00	Recebimento de R$ 7.744,00

Como assumiu a "Ponta CDI", o Banco Mitiga receberá R$ 7.744,00.

Perguntas & respostas

1. **Após o fim do acordo de Bretton Woods, ocorrido em 1971, oscilações monetárias passaram a ser mais frequentes no mercado externo, justamente por causa do câmbio flutuante das nações. Em face dessa realidade, contratos de derivativos começaram a ganhar importância em um cenário de incertezas. Com base nessa argumentação, bem como nos conceitos emanados pelo BCB, qual é o significado de derivativos no contexto econômico financeiro?**

   Derivativos, de acordo com o parágrafo 1º do art. 1º da Resolução BCB n. 4.662/2018, é um instrumento financeiro cujo "valor de mercado varia em decorrência da alteração de determinada taxa de juros, preço, instrumento financeiro, preço de mercado (*commodity*), taxa de câmbio, índice de preços ou taxas, classificação ou índice de crédito, ou outra variável similar". Trata-se, portanto, de um instrumento que existe por causa de um ativo subjacente, oscilando conforme a variabilidade deste.

2. **Embora uma operação de derivativos possa ser contratada por uma instituição financeira, com o intuito de fazer uma operação de *hedge*, o BCB determina que o reconhecimento do instrumento com essa peculiaridade somente é permitido mediante o atendimento de algumas prerrogativas. Quais são os três aspectos necessários para que esse instrumento seja reconhecido, por um banco, como uma operação de *hedge*?**

   De acordo com o art. 5º da Circular BCB n. 3.082/2002, para que o instrumento seja considerado de *hedge*, é necessário que:
   - contenha detalhamento do risco, operação, gerenciamento de risco e metodologia de verificação da efetividade do *hedge*;

- o contrato de *hedge* possibilite a compensação das variações do item subjacente, em uma proporção que fique no intervalo entre 80% e 125%.
- exista previsão de contratação de um novo instrumento de derivativos para o período remanescente do instrumento, o objeto do contrato.

3. **O diretor do banco Delta deseja contratar uma operação de derivativos, mitigando os riscos de variação cambial de uma dívida em dólares.** Para tanto, orienta seus executivos a buscarem uma alternativa que tenha liquidez, a fim de facilitar a negociação e possibilitar uma eventual mudança de posição futura. Com base nesses argumentos, qual seria uma alternativa para a realização desse propósito organizacional?

Nessa situação, a organização poderia vender um contrato futuro de dólares. Dessa forma, iria fixar sua dívida em reais, reduzindo impactos de flutuações cambiais. Essa negociação, uma vez que é negociada exclusivamente na bolsa de valores, apresenta liquidez.

4. **O banco comercial BDG deseja proteger-se contra eventuais perdas relacionadas a sua carteira de crédito. Quais seriam as modalidades de derivativos de crédito, com suas respectivas características, passíveis de serem contratadas?**

De acordo com a norma, existem duas possibilidades de contratação:

1. ***Swap* de crédito** – Modalidade em que o *hedger* deve pagar periodicamente uma taxa para o vendedor do instrumento. Caso, no futuro, a perda do crédito venha a ocorrer, a parte compradora do instrumento de derivativo recebe o montante pactuado no contrato para cobrir o prejuízo observado.

2. ***Swap* de taxa de retorno total** – Modalidade em que a parte que deseja realizar o *hedge* transfere o risco da operação de crédito para um banco, sem a venda efetiva do ativo subjacente. Nesse caso, a organização troca fluxos de recebimento.

Para saber mais

Livro

Conheça mais sobre o Acordo de Bretton Woods nesse livro de Cozendey. O autor aborda elementos históricos que permitem ao leitor compreender a importância desse acordo na economia mundial.

COZENDEY, C. M. B. **Instituições de Bretton Woods:** desenvolvimento e implicações para o Brasil. Brasília: Funag, 2013. Disponível em: <http://funag.gov.br/loja/download/1079-instituicoes-de-bretton-woods.pdf>. Acesso em: 13 ago. 2020.

Site

Aprofunde o entendimento sobre a contabilização dos instrumentos financeiros de derivativos com a leitura da Circular BCB n. 3.082/2002. Nesse dispositivo normativo, o BCB estabelece diretrizes obrigatórias para reconhecimento e mensuração dos derivativos.

BCB – Banco Central do Brasil. Circular n. 3.082, de 30 de janeiro de 2002. Disponível em: <https://www.bcb.gov.br/pre/normativos/busca/downloadNormativo.asp?arquivo=/Lists/Normativos/Attachments/46969/Circ_3082_v4_P.pdf>. Acesso em: 13 ago. 2020.

Síntese

Ao longo deste capítulo, abordamos temáticas relacionadas aos contratos com derivativos, que são formalizados em instituições financeiras. Para tanto, introduzimos esse conteúdo com elementos históricos e normativos, o que possibilitou a compreensão do que representa um derivativo, bem como da função deste no contexto do SFN. Além disso, explicamos o uso de contratos de derivativos para mitigação de riscos, inclusive na concessão de créditos bancários. Por último, de maneira exemplificativa, demonstramos a metodologia empregada para o adequado reconhecimento inicial desses instrumentos financeiros, assim como a atualização e a liquidação posterior deles.

Com essa exposição, você pôde perceber que, no ambiente econômico, há possibilidades de utilizar instrumentos financeiros que reduzam a exposição a riscos.

Questões para revisão

1. (Esaf – 2008 – CGU) No Brasil, os mercados de derivativos vêm nos últimos anos apresentando significativa evolução. Identifique a opção falsa em relação aos derivativos.

    a) O mercado futuro apresenta as características de que o investimento inicial não é pequeno em relação ao compromisso assumido e a duração de um contrato futuro é ilimitada.

    b) No Brasil, a Bolsa de Mercadorias & Futuros fornece a segurança necessária para a negociação com derivativos.

    c) Para existir um mercado de derivativos, tem que existir um mercado à vista (*spot*) organizado para que a formação do ativo-objeto seja a mais transparente possível.

d) A Bolsa de Mercadorias & Futuros é uma instituição na qual são negociados os mais variados tipos de contratos futuros, desde produtos agropecuários (café, boi gordo, algodão, entre outros) até produtos financeiros (ouro, dólar, índice de ações etc.).

e) Os mercados de derivativos existem para a transferência de risco da atividade econômica.

2. (FCC – 2006 – Bacen) Os instrumentos de derivativos devem ser classificados na categoria de *hedge* de risco de mercado quando a razão desta operação for apenas de

   a) maximizar os ganhos com a especulação financeira.
   b) minimizar as perdas em relação às variações do valor de mercado do item objeto de *hedge*.
   c) maximizar os ganhos em relação às variações do valor de mercado do item objeto de *hedge*.
   d) compensar total ou parcialmente as variações do valor de mercado do item objeto de *hedge*.
   e) diversificar a carteira do banco e com isso minimizar o risco esperado.

3. (Cesgranrio – 2010 – Banco do Brasil) Derivativos são instrumentos financeiros que se originam do valor de outro ativo, tido como ativo de referência. As transações com derivativos são realizadas no mercado futuro, a termo, de opções e *swaps*, entre outros. Os *swaps* são:

   a) acordos de compra e venda de ativos para serem entregues em uma data futura, a um preço previamente estabelecido, sem reajustes periódicos.
   b) acordos entre duas partes que preveem a troca de obrigações de pagamentos periódicos ou fluxos de caixa futuros por um certo período de tempo, obedecendo a uma metodologia de cálculo predefinida.

c) direitos adquiridos de comprar ou vender um ativo em uma determinada data por preço e condições previamente acertados entre as partes envolvidas na negociação.

d) ativos que podem ser comprados por uma empresa investidora com o intuito de se proteger de uma eventual redução de preços de outro ativo da mesma carteira de investimento.

e) ativos garantidores de operações em moeda estrangeira, adquiridos mediante a troca de ações, direitos e obrigações entre duas partes.

4. Em 2002, como resultado da Resolução BCB n. 2.933/2002, as instituições financeiras passaram a contar com mais uma possibilidade de mitigar riscos ou assumi-los mediante o recebimento de um prêmio. Trata-se das operações de derivativos de crédito, disponíveis para negociação entre instituições financeiras autorizadas a funcionar pelo BCB. Com base nessa constatação, apresente o significado de derivativos de crédito no contexto bancário.

5. A instituição financeira Investimentos S.A. concretizou a venda de 100 opções futuras, a fim de vender ações da PETR4 a R$ 25,00. Cada opção foi vendida pelo valor de R$ 1,50, com data de exercício para daqui a 20 dias. Considerando que o Ativo Subjacente, na data dessa negociação, estava sendo precificado a R$ 24,30, determine os lançamentos contábeis para a correta escrituração dessa movimentação.

Questão para reflexão

1. Os derivativos, como é o caso dos contratos de opção, são instrumentos financeiros que, para serem formalizados, necessitam de duas partes interessadas. Faça uma breve releitura do capítulo, caso necessário, verificando quais seriam as possíveis motivações para que esse tipo de contrato atraísse interessados em figurar como uma das partes.

Acordos de Basileia 6

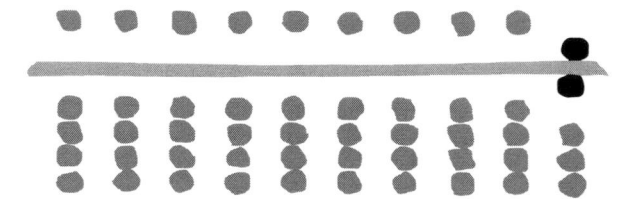

Conteúdos do capítulo

- Acordo de Basileia: objetivo, histórico e princípios.
- Acordo de Basileia III.
- Acordo de Basileia no Brasil.
- Metodologia de apuração do patrimônio de referência.

Após o estudo deste capítulo, você será capaz de:

1. relatar a história, os objetivos e os princípios do Acordo de Basileia;
2. identificar as exigências sugeridas pelo Acordo de Basileia III;
3. detalhar a metodologia de cálculo para apuração do patrimônio de referência.

As instituições financeiras estão sujeitas a diversos riscos inerentes à atividade desempenhada. O risco de crédito, por exemplo, é o principal entre as situações que podem acarretar prejuízos financeiros para essas organizações. Reforçamos, porém, que os riscos de mercado, de liquidez e operacional também integram as discussões quando o assunto são condições desfavoráveis.

Essas intempéries que afetam o sistema financeiro de uma nação não se restringem a empresas desse setor. Experiências mundiais, como as do *Crack* de 29, da Crise do Rublo na Rússia em 1998, do *Subprime*, desencadeada em 2007, entre tantas outras que envolveram instituições financeiras, demonstram que problemas nesse segmento de atuação têm a potencialidade de causar um efeito dominó nas demais atividades econômicas nacionais e mundiais.

Dada essa relevância das atividades bancárias no cenário mundial, cresceu a necessidade de adotar práticas capazes de prevenir, quanto possível, crises generalizadas. O Acordo de Basileia tem maior proeminência nesse contexto, sendo o foco deste capítulo.

6.1 Acordos de Basileia: histórico e objetivos

Os Acordos de Basileia tiveram grande repercussão em diversos países, tornando-se um marco regulatório para as instituições financeiras. Para analisarmos essa temática, traremos nesta seção de aspectos introdutórios dos acordos, abordando sua origem e as principais características dos três acordos até agora formalizados.

6.1.1 Bank for International Settlements (BIS)

Para esclarecer a origem do Acordo de Basileia, é necessário retomar o ano de 1930, na Conferência de Haia, na qual se criou uma das maiores organizações financeiras mundiais: o Bank for International Settlements (BIS). Essa instituição, ao longo da história, foi responsável pela realização de diversos estudos e propostas na área bancária, incluindo os acordos de capital prudencial.

Tais trabalhos estão pautados na sua missão de atuação. O BIS tem a incumbência de buscar a cooperação internacional entre as autoridades monetária e os supervisores das atividades financeiras. Para Toniolo (2005), essa missão deriva da necessidade de um banco não causar danos aos demais bancos centrais. Conforme expusemos no Capítulo 1, no ambiente financeiro existe a probabilidade de ocorrência de risco sistêmico, quando os prejuízos de uma organização influenciam os demais setores econômicos, podendo até transpor as fronteiras nacionais.

Para mitigação dessas situações de risco, bem como criação de cooperação entre as nações mundiais, o BIS promove visitas, reuniões, troca de dados bancários, estudos, entre outras realizações que visam a ações harmoniosas entre os países. As reuniões, por exemplo, envolvem autoridades de várias nações, e nelas se discute uma pauta de assuntos econômicos, financeiros e bancários.

Além disso, é oportuno lembrar que essa organização mundial não tem caráter normativo. Todos os acordos propostos, incluindo as sugestões de regulamentação bancária, necessitam passar pelos procedimentos legislativos de cada nação para que então sejam aplicados. No Brasil, como analisaremos posteriormente, a adesão aos Acordos da Basileia passou a vigorar após ter tramitado pelo devido processo legal, passando a constituir o ordenamento jurídico nacional.

6.1.2 Conceitos relacionados aos Acordos de Basileia

Para facilitar o entendimento dos acordos prudenciais de capital regulatório bancário, é necessário familiarizar-se com algumas de suas terminologias comuns. A seguir, apresentamos parte dessas nomenclaturas.

- **Capital regulatório** – É representado pelo montante financeiro contabilizado no patrimônio líquido, que, neste caso, é considerado capital próprio da entidade. Nos acordos prudenciais, esses valores devem fazer frente aos riscos assumidos pelo banco.
- **Fator de ponderação de risco** – É um percentual que varia positivamente em função do risco. Logo, quanto maior for o fator, maior será o risco.
- **Ativos ponderados pelo risco** – Esse termo é utilizado para referir-se ao resultado da multiplicação dos Ativos pelo fator de ponderação de risco. Para o certificado de

depósito bancário, por exemplo, é utilizado um fator de 50%, diferentemente das debêntures, sobre as quais incide um fator de 100% (abordaremos mais detalhes desse assunto ao longo do capítulo).

- **Índice mínimo de capital** – É resultante da divisão entre o capital regulatório e os ativos ponderados pelo risco.
- **Nível I e II** – São subdivisões do capital regulatório. No nível I, incluem-se ações ordinárias e preferenciais do banco, lucro acumulado, reservas de capital e de lucro. Por sua vez, no nível II, estão elencadas as dívidas subordinadas da instituição.

6.1.3 Objetivos dos Acordos de Basileia

Em 1988, quando da apresentação do acordo de capital regulatório no documento intitulado *International Convergence of Capital Measurement and Capital Standards* (BCBS, 1988), o BIS destacou dois pontos cruciais para implantação das novas regras: 1) fortalecimento e solidez no sistema financeiro nacional; e 2) diminuição das desigualdades competitivas entre os bancos internacionais. O acordo de capital regulatório mínimo tinha como propósito atingir esses direcionadores. Os padrões de atuação, além de representarem mitigadores de risco para o sistema financeiro, permitiam igualdade competitiva entre bancos nacionais e estrangeiros. Essa medida, no entanto, não seria suficiente para garantir a segurança e a solidez do sistema financeiro.

Em 2001, quando da publicação do Acordo de Basileia II (BCBS, 2001b), o comitê reafirmou os objetivos anteriormente traçados, acrescentando que o novo pacto deveria: concentrar-se em bancos internacionalmente ativos; e conter uma abordagem de capital sensível ao risco assumido. Além disso, o comitê ressaltou que a solidez e a segurança do sistema financeiro e dos bancos são alcançadas não somente com capital regulatório, mas também com fiscalização e disciplina de mercado.

Na última atualização do comitê (Acordo de Basileia III), foi inserida como objetivo do acordo a necessidade de fortalecimento dos bancos, preparando-os para absorver choques de estresses financeiros. Esse objetivo é aderente com o acordo, que buscou conferir inovações para salvaguardar situações de risco observadas na crise iniciada em 2007.

6.1.4 Basileia I

Em 1987, o Comitê de Supervisão Bancária do BIS apresentou uma proposta de regulamentação bancária com foco no patrimônio líquido e nos ativos das instituições financeiras. Em outras palavras, propunha-se uma estrutura de financiamento das atividades bancárias segundo a qual o capital próprio teria um patamar mínimo. Com isso, além de apresentar uma metodologia de regulamentação que transporia as fronteiras de um único país, o projeto visava igualar condições de concorrência entre as instituições financeiras atuantes nos países signatários. Deve-se lembrar que os bancos norte-americanos, nessa época, estavam sendo ameaçados por instituições financeiras estrangeiras.

Na década de 1980, com a crescente globalização na área financeira, bancos norte-americanos, europeus e japoneses travavam concorrência em situações divergentes das regulamentações. Os bancos estadunidenses, por exemplo, operavam com um nível de capital próprio notadamente superior ao que adotavam seus oponentes, o que, de certa forma, representava uma desvantagem competitiva, já que elevava o custo financeiro de captação de recursos. Por outro lado, bancos japoneses e europeus operavam basicamente com capital de terceiros. Nesse contexto, eram crescentes as pressões por intervenções governamentais que visassem condições de atuação equitativa entre instituições nacionais e estrangeiras.

A proposta sugerida pelo comitê do BIS para sanar essa questão estabelecia a necessidade de um capital próprio mínimo, considerado adequado para fazer frente ao risco de crédito assumido. Foram criadas, então, algumas nomenclaturas que passaram a ser comuns no ambiente de regulamentação bancária: *patrimônio de referência* (PR), *ativos ponderados pelo risco* (APR), *patrimônio líquido exigível* (PLE), *fator de ponderação do risco* (FPR) e o *fator F*. Essas terminologias padronizaram a apuração da estrutura de capital exigido, sendo até hoje utilizadas.

Em síntese, o acordo previa que o patrimônio de referência deveria ser suficiente para amparar os riscos assumidos pela organização. Os riscos, nesse caso, eram mensurados mediante ativos registrados no balanço patrimonial. Nesse sentido, quanto maior fosse o risco assumido, maior seria a exigência de capital próprio. Com isso, além do estabelecimento de padrões mínimos de estrutura de capital, o acordo tinha a capacidade de reduzir conflitos de interesses entre aplicadores de recursos e organizações financeiras.

Na ocasião do surgimento da proposta de regulamentação, já se registravam debates acadêmicos sobre as distintas intenções dos participantes do mercado bancário. Para aqueles que aportavam recursos nas organizações financeiras, existia o desejo de que o montante fosse aplicado pelo banco com a devida parcimônia, a fim de que não colocasse em risco essas disponibilidades. Por outro lado, essas instituições, na pretensão de angariar maiores resultados, poderiam assumir posições mais arriscadas, colocando em risco os recursos dos aplicadores. Tem-se, desse modo, um conflito de interesses, que hipoteticamente poderia ser solucionado com a proposta sugerida pelo comitê do BIS, já que ativos de maior risco exigiriam maior participação de capital próprio (você entenderá melhor essa dinâmica no decorrer deste capítulo).

Diante desse cenário, é perceptível que a proposta do comitê do BIS traduzia alguns anseios do mercado financeiro da época, o que culminou na sua aprovação em 1988. Inicialmente, o acordo contou somente com as assinaturas dos países integrantes do Grupo dos Dez: Alemanha, Canadá, Estados Unidos, França, Itália, Japão, Países Baixos (Bélgica, Holanda e Luxemburgo), Reino Unido, Suécia e Suíça. Posteriormente, outros países aderiram ao acordo, incluindo nações em desenvolvimento como o Brasil. Esse acordo pactuado entre tais nações, por ter sido celebrado na cidade de Basileia, na Suíça, passou a ser conhecido como *Acordo de Capital de Basileia*, que está na sua terceira atualização.

O Acordo de Basileia, embora tenha representado uma evolução na regulamentação mundial bancária, foi alvo de algumas críticas. Para Carvalho (2005), uma das incoerências do acordo inicial estava no fato de considerar fatores de risco de forma "grosseira", colocando ativos de distintas probabilidades de perda em um mesmo patamar. O autor cita o exemplo dos empréstimos realizados por países pertencentes à Organização para a Cooperação e Desenvolvimento Econômico (OECD), que, para o acordo, eram considerados de risco zero. Obviamente o ambiente econômico traduzia uma realidade distinta, o que deixava transparecer fragilidades no Acordo de Basileia.

Castro (2007) assinala que as regras iniciais tendiam a agravar períodos de crise, uma vez que, em razão da metodologia adotada, em circunstâncias de recessão econômica, para adequação dos índices previstos na norma, os bancos tenderiam a reduzir os empréstimos.

Diante dessas críticas, aprovou-se em 1995 a primeira emenda do Acordo de Basileia, em que se estabeleceu a necessidade de considerar os riscos de mercado. Para tanto, o acordo previa que cada banco criasse sua política de cobertura de risco de mercado, a qual deveria ser aprovada pelo órgão regulador local. Certamente, essa atualização já vislumbrava dar maior amplitude aos riscos inerentes à atividade bancária, mas ainda estava distante de um padrão adequado à realidade do setor.

6.1.5 Basileia II

Ainda na década de 1990, após a aprovação do adendo ao primeiro acordo, já se iniciaram discussões para uma nova proposta. Conforme destaca Matias-Pereira (2006), um dos fatores que motivaram essa iniciativa foi a crise asiática de 1997, que teve origem no colapso financeiro ocorrido na Tailândia. Esse ambiente favoreceu a constatação da necessidade de rever as regras anteriormente definidas.

Em face dessa situação, bem como das propostas do BIS, aprovou-se em 2004 o texto final do segundo acordo de regulamentação bancária, conhecido popularmente como *Basileia II* (BCBS, 2001b). Essa nova proposta não suprimiu o Acordo de Basileia I, mas inseriu algumas revisões que visavam à adequação das regras ao cenário vivenciado na época.

A principal novidade apresentada no novo acordo foi a adequação do capital regulatório a três pilares: 1) exigência mínima de capital; 2) processo de revisão de supervisão; e 3) disciplina de mercado.

- **Pilar I** – Estabelece necessidade mínima de capital, semelhante ao que foi determinado no primeiro acordo. O que mudou com essa nova abordagem foi a forma de apuração da necessidade de capital. Nessa nova metodologia, além de serem considerados os riscos de crédito e mercado, passaram a ser somados os riscos operacionais.

- **Pilar II** – Expressa o entendimento do comitê do BIS de que cada entidade tem o conhecimento e a experiência necessários para gerenciar esses riscos. Os supervisores, nesse contexto, ficam responsáveis por avaliar essas apurações, constatando se os bancos de fato estão considerando os diferentes riscos associados à atuação.

- **Pilar III** – Direcionado para a disciplina de mercado. Para tanto, o comitê enfatiza a necessidade da transparência dos bancos, o que hipoteticamente geraria benefícios a essas organizações, seus investidores e depositantes. Essa evidenciação de informação, para o devido atingimento desse propósito, deveria abranger questões qualitativas e quantitativas no que concerne à exposição dos riscos.

É relevante ainda mencionar que, após a edição do Acordo de Basileia II, com essas características, ainda houve uma última edição, considerando atualizações relevantes de capital regulatório, pós-crise de 2008: o Basileia III (BCBS, 2011). Adiante neste capítulo, destinamos uma seção específica para tratar das características desse acordo, vigentes na atualidade.

6.2 Princípios inscritos pelo Acordo de Basileia II

Uma das inovações criadas pelo Acordo de Basileia II foi o estabelecimento de princípios considerados de fundamental importância para uma supervisão bancária eficaz. A seguir, abordaremos o contexto histórico desses princípios e os listaremos como arrolado no Acordo de Basileia II.

6.2.1 Contexto histórico e finalidade

Os princípios da regulamentação dos bancos foram publicados pelo BIS em 1997, sendo empregados pelos bancos centrais de todo o mundo e pelo Fundo Monetário Internacional (FMI), para avaliação das práticas de supervisão bancária.

Após essa publicação original, algumas atualizações foram efetivadas; e a última delas foi levada a público em 2012. Essa última revisão, conforme mencionado pelo BCBS (2012), foi uma resposta às crises financeiras observadas nos anos anteriores. O Grupo de Princípios Fundamentais do BIS foi o responsável pelas modificações, com a incumbência de manutenção da relevância desses princípios no contexto bancário.

Desde a sua concepção, esses princípios funcionam como um padrão de supervisão bancária, abarcando diversas áreas consideradas essenciais para uma ação eficaz de cada banco central. Ao todo, são 29 princípios, que tratam, por exemplo, de técnicas de supervisão bancária, governança corporativa, poderes corretivos dos supervisores, entre outras temáticas consideradas necessárias para uma relevante atuação dos bancos centrais.

Como não se trata de regras, esses princípios constituem tão somente elementos de comparação entre as práticas exercidas e aquelas consideradas eficazes no âmbito mundial. Dessa forma, os órgãos reguladores cotejam suas ações de supervisão com os princípios básicos emitidos pelo BIS. As divergências observadas nesse confronto apontam possíveis pontos de melhoria.

6.2.2 Os princípios fundamentais

O BCBS (2012), por meio do documento intitulado *Core Principles for Effective Banking Supervision*, realizou uma evidenciação didática dos 29 princípios básicos de supervisão bancária, categorizando-os em dois grupos. O primeiro grupo (a) elenca os princípios relacionados aos assuntos de poderes, responsabilidades e funções dos supervisores (princípio 1 ao 13). No segundo grupo (b), abordam-se as temáticas relativas aos regulamentos prudenciais e aos requisitos para os bancos (princípio 14 ao 29). Detalhamos, a seguir, a descrição desses princípios, que são considerados padrões para uma supervisão bancária eficaz.

a) Poderes de supervisão, responsabilidades e funções

Princípio 1 – Responsabilidades, objetivos e poderes: em um sistema financeiro devem existir leis que estabeleçam os responsáveis pela supervisão, dando-lhes poder para realizar fiscalizações e ações corretivas.

Princípio 2 – Independência, prestação de contas, recursos e proteção legal para supervisores: sugere-se que os supervisores tenham autonomia na realização de suas atividades e um orçamento adequado para a promoção das ações necessárias.

Princípio 3 – Cooperação e colaboração: os países devem dispor de um aparato normativo que permita a cooperação e a colaboração entre as autoridades nacionais e os supervisores internacionais.

Princípio 4 – Atividades permitidas: nas normas emanadas pelas autoridades competentes, deve-se incluir um rol de atividades passíveis de serem executadas pelas instituições bancárias.

Princípio 5 – Critérios de licenciamento: as autoridades competentes têm de estabelecer critérios para que uma organização bancária funcione no país. Sugere-se que, no mínimo, exista uma avaliação da estrutura do capital, dos controladores e da governança.

Princípio 6 – Transferência significativa de propriedade: ao supervisor bancário deve ser conferido o poder de veto de uma eventual transferência significativa do controle de uma organização bancária.

Princípio 7 – Principais aquisições: o supervisor também deve ter autoridade para aprovar ou rejeitar a realização de grandes aquisições ou investimentos de um banco.

Princípio 8 – Abordagem de supervisão: sugere-se que os supervisores avaliem o perfil de risco dos bancos e do sistema como um todo. Além disso, em algumas situações, deve existir a possibilidade de intervenção.

Princípio 9 – Técnicas e ferramentas de supervisão: o supervisor deve dispor de técnicas e ferramentas para agir nas diferentes situações potenciais de risco.

Princípio 10 – Relatório de supervisão: os relatórios disponibilizados pelos bancos devem ser coletados, revisados e analisados pela autoridade supervisora.

Princípio 11 – Poderes corretivos e sancionatórios dos supervisores: os supervisores bancários necessitam atuar no estágio inicial das ações inseguras promovidas pelos bancos. Essas ações podem ser corretivas, incluindo a revogação da licença de atuação.

Princípio 12 – Supervisão consolidada: a supervisão é executada com base em informações consolidadas da atuação do banco em todos os países.

Princípio 13 – Relação entre supervisores: deve existir equidade nas exigências aplicadas às operações realizadas pelos bancos estrangeiros e domésticos.

b) Regulamentos e requisitos prudenciais

Princípio 14 – Governança corporativa: os supervisores bancários necessitam cobrar dos bancos robustez nas políticas e nos processos de governança corporativa.

Princípio 15 – Processo de gerenciamento de risco: as instituições bancárias devem contar com um processo de gerenciamento, com o propósito de identificar, medir, monitorar, controlar ou mitigar os riscos relevantes, atinentes à atuação.

Princípio 16 – Adequação de capital: os supervisores devem ter a prerrogativa de definir o capital mínimo, que deve ser apropriado e adequado para fazer frente aos riscos assumidos.

Princípio 17 – Risco de crédito: o supervisor deve assegurar que os bancos disponham de políticas prudentes de gestão de risco de crédito.

Princípio 18 – Ativos problemáticos, provisões e reservas: as políticas do banco devem ser capazes de identificar e gerenciar os ativos problemáticos.

Princípio 19 – Risco de concentração e grandes limites de exposição: trata-se da necessidade dos supervisores de determinar a existência de políticas de concentração de crédito, incluindo limites para negociações com contrapartes.

Princípio 20 – Transações com partes relacionadas: para evitar desvios, o supervisor deve determinar que os negócios que envolvem partes relacionadas devem seguir os mesmos parâmetros aplicados no mercado.

Princípio 21 – Risco-país e transferência de riscos: existe a necessidade de assegurar que os bancos disponham de procedimentos para identificar, medir, monitorar e controlar o risco-país e a transferência de riscos para créditos internacionais.

Princípio 22 – Risco de mercado: os supervisores devem assegurar que os bancos tenham procedimentos para gestão do risco de mercado.

Princípio 23 – Risco de taxa de juros na carteira bancária: o supervisor deve determinar que as instituições bancárias definam políticas de gestão de risco de taxa de juros.

Princípio 24 – Risco de liquidez: nesse caso, os supervisores devem garantir a existência, por parte das entidades bancárias, de um sistema para gerenciar a liquidez periodicamente.

Princípio 25 – Risco operacional: os bancos devem contar com uma estrutura adequada de gerenciamento de risco operacional.

Princípio 26 – Controles internos e auditoria: as organizações bancárias devem ter uma estrutura para controlar a condução dos negócios. Essa composição de controle e auditoria deve trabalhar de forma independente, monitorando o cumprimento das leis e das disposições internas do banco.

Princípio 27 – Relatórios financeiros e auditoria externa: os supervisores bancários devem determinar que os bancos apresentem relatórios contábeis, de acordo com as normas aceitas, acompanhados de parecer da auditoria externa.

Princípio 28 – Divulgação e transparência: os supervisores devem exigir que os bancos divulguem relatórios que demonstrem condição financeira, desempenho, exposição a riscos, estratégias de gestão de risco e processos de governança corporativa.

Princípio 29 – Abusos de serviços financeiros: os supervisores devem determinar que os bancos mantenham políticas para promover padrões elevados de ética no setor financeiro, coibindo a utilização do sistema financeiro para atividades criminosas.

Note que os 29 princípios elencados representam orientações a serem seguidas pelos supervisores bancários. Certamente, você deve ter percebido que muitas dessas ações já correspondem às práticas adotadas no Brasil.

6.3 Acordo de Basileia III

O Acordo de Basileia III é a última atualização do BIS no que concerne à necessidade de capital regulatório (BCBS, 2011). Essa versão respondeu aos novos anseios da sociedade diante de situações que, até a edição precedente, não tinham sido vivenciadas.

Perceba, com isso, que esse acordo não representa algo imutável, mas regras que acompanham a evolução da sociedade. Durante este tópico, para que você possa conhecer essas orientações de capital regulatório no âmbito mundial, focalizaremos exclusivamente o Acordo de Basileia III.

6.3.1 Histórico

O Acordo de Basileia III foi resultado da iniciativa do Fórum de Estabilidade Financeira e do G20, que demandou soluções de capital regulatório para ocasiões como aquelas vivenciadas na crise financeira do *subprime*, iniciada em 2007. De acordo com o BCBS (2011), durante essa crise, muitas instituições financeiras tiveram uma erosão da qualidade do capital próprio, consumida por uma excessiva alavancagem financeira.

Além disso, ocorreu um agravamento desse cenário quando o público externo perdeu a confiança no que se refere à liquidez das instituições financeiras. A referida hipótese poderia resultar na retirada dos recursos financeiros internalizados pelos aplicadores, o que prejudicaria ainda mais as finanças dos bancos. Em algumas ocasiões, conforme lembrado pelo BCBS (2011), os órgãos públicos intervieram realizando injeções de recursos financeiros em alguns bancos para evitar maiores perdas.

Observou-se, ainda, que os efeitos negativos da crise tiveram um rápido alastramento mundial. Essa situação chamou a atenção do Comitê de Capital Regulatório, que tem ressaltado a necessidade de elevar a resiliência bancária para suportar situações como as enfrentadas no passado.

Todo esse cenário catastrófico no âmbito das finanças mundiais resultou em um acordo de capital regulatório internacional, com regras mais severas que as dos pactos anteriores. O Acordo de Basileia III, já implantado no Brasil, faz algumas recomendações para enfrentar momentos de estresse financeiro decorrentes de crises.

6.3.2 Mudanças introduzidas pelo Basileia III

O Basileia III elevou os requisitos de capital regulatório, com novidades para dar suporte aos bancos e às economias em situações de estresse financeiro. Você deve estar se perguntando: Esse novo acordo substituiu os pactos anteriormente formalizados?

Assim como o Basileia II, as novas recomendações foram publicadas não com intuito de substituir os acordos anteriores, mas de introduzir recomendações para amparar metodologias que se mostraram ineficientes em momentos de crise.

Nesse contexto, as principais novidades introduzidas pelo Basileia III são:

a) Índice de alavancagem

Constitui-se, juntamente com o índice de liquidez, em uma exigência complementar do capital regulatório. O comitê entendeu que, para enfrentar situações de risco, não seria suficiente o capital prudencial. Durante o período da crise, constatou-se que algumas instituições financeiras, mesmo tendo um índice adequado de capital, apresentavam uma alavancagem financeira excessiva.

Por essa razão, entendeu-se como necessária a introdução de uma medida suplementar com padrões máximos de alavancagem. Ficou definido, então, que os bancos não podem ultrapassar 3% de alavancagem em relação ao capital enquadrado no nível I.

Com isso, o comitê almejava atingir dois propósitos: 1) contribuir para que processos de "desalavancagem" não prejudiquem o sistema financeiro da economia; e 2) reforçar os requisitos de risco.

b) Índice de liquidez

O novo acordo também estabeleceu que as instituições financeiras devem apresentar um índice de liquidez de curto prazo (*liquidity coverage ratio* – LCR) e outro de longo prazo (*net stable funding ratio* – NSFR).

O LCR tem como propósito mitigar os riscos de liquidez em um período de 30 dias. Com isso, entende-se que estaria assegurando que as instituições bancárias teriam recursos financeiros para saídas de caixa em um cenário de estresse. Para tanto, o banco deveria apresentar um montante de ativos de alta liquidez, as saídas líquidas de caixa em um período de 30 dias.

Por sua vez, o NSFR mede a relação existente entre os recursos estáveis disponíveis e os recursos estáveis requeridos. Por **recursos estáveis disponíveis**, nesse contexto, entende-se a parte do capital e do passivo que seja confiável ao longo do tempo (BCBS, 2014). Já os recursos estáveis requeridos são compostos pelos ativos que não apresentam liquidez imediata. A relação desses dois indicadores deve ser igual a ou maior que 100%, ou seja, os ativos de maturidade longa devem ocorrer por fontes estáveis.

A ideia, nesse caso, é que os bancos demonstrem dispor de recursos em uma proporção maior do que aqueles que são requeridos.

c) *Buffers* de capital

Para lidar com momentos de dificuldade, o comitê criou os chamados *buffers de capital*, que são constituídos por elementos que já fazem parte do capital principal. Em algumas literaturas brasileiras, utiliza-se também a expressão *colchões de capital*. Essas reservas são segmentadas em duas partes: a de conservação e a contracíclica.

Os ***buffers* de conservação** devem ser constituídos em momentos econômicos favoráveis, podendo ser utilizados em ocasiões de maior estresse, como as observadas na crise do *subprime*. Dessa forma, mesmo em momentos de maior turbulência econômica, as organizações financeiras poderiam evitar a violação do capital mínimo exigido.

Caso o banco venha a passar por uma situação em que se faça necessária a utilização desse *buffer*, o BIS orienta a não distribuição de lucros discricionários. Conforme relatado por Caruana (2010), durante a crise iniciada em 2007, mesmo estando em dificuldades, algumas instituições bancárias continuaram a realizar distribuições de dividendos. Obviamente essa prática intensificou a redução do capital mínimo exigido.

O percentual estabelecido pelo comitê, para compor esse *buffer* de conservação, foi de 2,5% dos ativos ponderados pelo risco. Para se chegar a esse percentual, estabeleceu-se um cronograma crescente de constituição, que iniciou em 2015 com a necessidade de reservar 0,63% do capital principal. Em 2019, as instituições que aderiram ao Acordo de Basileia III já necessitavam indicar a constituição integral desse *buffer*.

Já o *buffer* contracíclico, segundo o comitê, deve ser constituído em ocasiões em que se observa uma expansão do crédito. Nesse caso, a autoridade supervisora de cada país deve estabelecer que os bancos na sua jurisdição formem esse *buffer* em uma proporção que varia de 0% a 2,5% dos ativos ponderados pelo risco.

Uma das alterações propostas por essa nova metodologia foi a exigência separada do capital principal, nível I e PR (o detalhamento da composição dos elementos do capital prudencial será debatido na seção 6.5.1). Lembre-se de que, anteriormente, embora fossem aplicados todos esses conceitos, exigia-se somente o PR. Nessa nova abordagem, ocorreu o desmembramento desse capital, passando-se a exigir o capital principal e um adicional.

d) Capital prudencial

Em suma, o capital prudencial foi elevado somente em função do *buffer* de conservação. Se no Basileia II exigia-se 8% de capital prudencial, no Basileia III ficou definido em 8% de capital total mais o *buffer* de 2,5%. De forma resumida, apresentamos os percentuais necessários na Tabela 6.1.

Tabela 6.1 – Índice do Acordo de Basileia III

Medida	
Mínimo comum de fundos próprios	4,5%
Buffers de conservação de capital	2,5%
Capital mínimo comum mais *buffers* de conservação de capital	7,0%
Mínimo de capital de nível I	6,0%
Mínimo de capital total	8,0%
Mínimo de capital total mais *buffers* de conservação	10,5%

Fonte: Elaborado com base em BCBS, 2011.

6.4 Acordos de Basileia no Brasil

Os acordos de Basileia não têm, como já enfatizamos, *status* de norma para as nações, devendo passar pelo crivo legislativo de cada país. No Brasil, por exemplo, ao longo dos anos as recomendações foram sendo inseridas no ordenamento jurídico, constituindo-se em obrigações a serem seguidas. Em alguns casos, aplicaram-se até mesmo regras mais rígidas do que aquelas sugeridas pelos Acordos de Basileia.

Focalizando os aspectos históricos da adesão do Brasil ao Acordo de Basileia, voltemos ao início da década de 1990, quando o assunto começou a ser discutido oficialmente no Mercado Comum do Sul (Mercosul). Os países desse bloco introduziram estudos que visavam à adequação das normas nacionais vigentes aos padrões fixados na Basileia. Fruto desse trabalho, ao longo dos anos posteriores, os países signatários do Mercosul incorporaram a seus ordenamentos jurídicos os padrões internacionais de regulamentação bancária.

No Brasil, por meio da Resolução BCB n. 2.099, de 17 de agosto de 1994 (BCB, 1994), o Acordo de Basileia I foi introduzido nos aspectos normativos do Sistema Financeiro Nacional (SFN), seis anos após a publicação do primeiro acordo mundial da capital prudencial. Essa adesão tardia pode ser atribuída principalmente a questões monetárias, pois, até então, a economia vivia um cenário de elevada inflação.

Nos anos posteriores, novas regras foram sendo implementadas, seguindo as orientações internacionais, bem como os aspectos pertinentes à economia interna, em uma ótica mais conservadora. O patrimônio líquido exigido, que inicialmente tinha sido estabelecido como 8%, foi alterado pelo Banco Central do Brasil (BCB) para 11%. Isso demonstrou um posicionamento mais severo perante as práticas internacionalmente adotadas.

Já por meio do Comunicado n. 12.746, de 9 de dezembro de 2004, o BCB (2004a) anunciou novas regras de regulação bancária aderentes ao Basileia II. De acordo com o órgão, os bancos teriam um cronograma de adaptação das suas estruturas internas e de capital. Passou a ser exigido, com essas alterações, um capital prudencial para fazer frente ao risco de mercado e ao risco operacional. Em outras palavras, começou a ser requerida dos bancos uma estrutura que possibilitasse mitigar riscos internos.

Com a crise de 2008, o Brasil demonstrou que as normas implantadas internamente estavam aderentes às situações de risco. Silva e Divino (2012) apontam que, embora a regulamentação bancária brasileira fosse uma das mais severas das grandes economias mundiais, os bancos atuantes no país ainda mantinham um posicionamento de capital acima do exigido. Esse fato pode ter cooperado para a solidez do SFN, mesmo em um ambiente de turbulência econômica.

As alterações de Basileia também demonstraram que o Brasil mantinha regras internas mais condizentes com a situação de risco dos bancos. Lembre-se de que, com os *buffers* de risco, o último acordo de capital prudencial exigiu uma proporção de 13% em relação aos ativos ponderados pelos riscos. Como o patamar nacional já era de 11%, isso não representou uma transição significativa.

6.5 Metodologia de apuração do PR

Com base nos acordos de capital prudencial, bem como nas regras estabelecidas pelo BCB, apresentaremos nesta seção as metodologias de apuração do patrimônio de referência e dos ativos ponderados pelo risco. Essa explicação será fundamentada em alguns exemplos expostos pela norma e realizada de maneira não exaustiva. Para a efetivação dos cálculos, principalmente no que se refere à classificação dos ativos ponderados pelo risco, torna-se necessário consultar a legislação vigente para que, ao se olhar para os números contábeis de um banco, seja possível verificar se as exigências estão sendo cumpridas ou não.

6.5.1 Apuração do requerimento mínimo de PR

Com a introdução das recomendações do Acordo de Basileia no ordenamento jurídico nacional, passou a ser exigido dos bancos um valor mínimo de PR. De acordo com a Resolução BCB n. 4.192, de 1 de março de 2013 (BCB, 2013c), que contemplou as últimas alterações do Basileia III, o PR de uma instituição bancária deverá ser constituído pela soma do "nível I" e do "nível II".

O **nível I** é constituído pelo capital principal e complementar de um banco. O capital principal, por sua vez, com base no art. 4º da referida resolução, é obtido basicamente pelas somas e deduções descritas a seguir.

(+) Capital Social

(+) Reserva de capital, de reavaliação e de lucros

(+) Ganhos não realizados decorrentes de ajustes a valor de mercado

(+) Lucros acumulados

(+) Contas de Resultado Credoras

(+) Depósito em conta vinculada para suprir deficiência de capital

(+) Saldo de ajuste positivo ao valor de mercado dos derivativos utilizados para *hedge* de fluxo de caixa

(–) Perdas não realizadas decorrentes dos ajustes de avaliação patrimonial

(–) Perdas ou prejuízos acumulados

(–) Contas de Resultado Devedoras

(–) Saldo de ajuste negativo ao valor de mercado dos derivativos utilizados para *hedge* de fluxo de caixa

O capital classificado como de **nível II** é constituído por instrumentos que não são classificados no nível I, mas que possibilitam absorver perdas. A norma do BCB estabelece um conjunto de critérios que necessitam ser atendidos, possibilitando a classificação do instrumento nesse nível de capital.

6.5.2 Apuração dos ativos ponderados pelo risco

O ativo ponderado pelo risco (em inglês, *risk-weighted asset* – RWA), de acordo com o art. 3º da Resolução BCB n. 4.193, de 1 de março de 2013 (BCB, 2013d), é obtido por meio da aplicação da seguinte fórmula:

$$RWA = RWA_{CPAD} + RWA_{OPAD} + RWA_{MPAD}$$

Em que:

RWA_{CPAD}: parcela referente à exposição do risco de crédito

RWA_{OPAD}: parcela referente à exposição do risco operacional

RWA_{MPAD}: parcela referente à exposição dos riscos de mercado

O RWA_{CPAD}, com base nos procedimentos elencados na Resolução BCB n. 3.644, de 4 de março de 2013 (BCB, 2013b), corresponde a somatórios dos ativos ponderados por um fator de risco. Esse fator de ponderação determina o valor do ativo a ser considerado para efeito de cálculo do patrimônio líquido mínimo exigido.

Para determinação desse coeficiente, o regulador bancário determinou uma escala crescente de ponderação de risco que varia de 0% a 1.250%. Nesse caso, os ativos de melhor risco apresentam uma ponderação menor. Para exemplificar, transcrevemos a seguir esses índices de ponderação acompanhados de ativos exemplificativos.

- **Ponderação de 0%** – para os ativos de menor risco, como as aplicações em letras financeiras do tesouro e a conta caixa;
- **Ponderação de 2%** – para operações a serem liquidadas em sistema de liquidação de câmera;
- **Ponderação de 20%** – como é o caso dos depósitos bancários à vista em moeda nacional e estrangeira;
- **Ponderação de 35%** – para operações de crédito utilizadas para financiamento de até 80% do valor do imóvel, em que o imóvel é alienado fiduciariamente;
- **Ponderação 50%** – neste caso, são incluídas as operações de financiamento imobiliário contratadas no montante de até 50% do valor do bem;
- **Ponderação de 75%** – para as operações de varejo;
- **Ponderação de 100%** – este fator é empregado para os ativos que não contam com um fator específico de ponderação;
- **Ponderação de 150%** – para financiamento de veículos com prazo superior a 60 meses;
- **Ponderação de 300%** – para créditos tributários decorrentes de prejuízos fiscais, entre outros;
- **Ponderação de 1.250%** – para aquisições de cotas subordinadas de fundos de investimentos.

No que se refere à parcela de RWA_{OPAD}, a Circular BCB n. 3.640, de 4 de março de 2013 (BCB, 2013a), transcreve o procedimento a ser realizado para apuração dos ativos necessários para os riscos operacionais. Nesse contexto, são apresentadas três abordagens: 1) a do indicador básico; 2) a padronizada alternativa; e 3) a padronizada alternativa simplificada. Nessas abordagens, são utilizadas fórmulas matemáticas originadas de conceitos estabelecidos pelo BCB, a fim de alcançar um montante de ativos capazes de fazer frente aos riscos operacionais do banco.

Por último, há a parcela de ativos necessários para enfrentar os riscos de mercado (RWA_{MPAD}). Nesse caso, são consideradas risco de mercado as exposições relativas à taxa de juros, ao preço de ações, à variação do preço de mercadorias e às variações cambiais. Para cada uma dessas situações, o BCB elenca um procedimento distinto, que deve ser empregado para apuração do ativo ponderado pelo risco.

6.5.3 Índice de Basileia

De posse do PR e dos RWA, é possível encontrar o índice de Basileia do banco. Esse indicador é obtido pela aplicação da seguinte equação:

$$IB = \frac{PR}{RWA}$$

Em que:
IB: Índice de Basileia
PR: Patrimônio de referência
RWA: Ativos ponderados pelo risco

De acordo com a Resolução BCB n. 4.193/2013, desde 1º de janeiro de 2019 esse índice não pode ser menor que 8%. Portanto, a relação entre PR e RWA deve ser maior ou igual a 8%.

Além disso, devemos lembrar que o Acordo de Basileia III ainda exige que os bancos constituam *buffer* de conservação (2,5%) e *buffer* contracíclico (0% a 2,5%), que também seriam calculados com base nos ativos ponderados pelo risco. Esses percentuais, no caso do Brasil, são definidos pelo Comitê de Estabilidade Financeira (Comef), conforme disposto na Circular n. 3.927, de 11 de fevereiro de 2019 (Brasil, 2019). Dessa forma, em linhas gerais, o PR mínimo deve ficar entre 10,5% e 13%, a depender do *buffer* contracíclico.

Ainda existem as situações em que o banco não alcança os patamares prefixados normativamente. Nesse caso, o BCB tem a prerrogativa de aplicar algumas medidas prudenciais, descritas na Resolução BCB n. 4.019, de 29 de setembro de 2011 (BCB, 2011b). Como exemplo dessas ações, o BCB pode determinar que a instituição reduza a exposição financeira e o limite ou que suspenda o aumento da remuneração dos administradores, entre outras possibilidades que propiciem assegurar a solidez e a estabilidade do SFN.

6.5.4 Exemplo de apuração

Para que se compreenda na prática essa metodologia empregada para apuração do índice de Basileia, apresentaremos uma situação hipotética vivenciada pelo Banco ABC, que, em 31 de março 2018, apresentou as seguintes informações, relacionadas ao PR e aos RWA:

a) Patrimônio de referência

No Patrimônio Líquido e nas contas de Resultado do Banco ABC, constavam as seguintes informações:
- Capital Social: R$ 150.000,00
- Reserva de lucro: R$ 25.000,00
- Contas de Resultado Credora: R$ 35.000,00
- Contas de Resultado Devedora: R$ 25.000,00

De acordo com as adições e exclusões determinadas pelo BCB na Resolução BCB n. 4.192/2013, ter-se-ia um PR de R$ 185.000,00 (150.000 + 25.000 + 35.000 − 25.000).

b) Ativos ponderados pelo risco

As informações apresentadas pela instituição financeira, no que tange aos RWA estão elencadas na Tabela 6.2.

Tabela 6.2 – Ativos ponderados pelo risco

Fator de ponderação de risco	Valor total dos ativos	RWA$_{CPAD}$
2%	100.000	2.000
20%	1.400.000	280.000
35%	1.300.000	455.000
50%	250.000	125.000
100%	150.000	150.000
Total	3.200.000	1.012.000

A instituição ainda apurou, com base nos normativos vigentes, um RWA$_{OPAD}$ de R$ 100.000,00 e um RWA$_{MPAD}$ de R$ 250.000,00.

Diante desses fatos, torna-se possível a apuração do total dos ativos ponderados pelo risco, que nada mais é do que a soma do RWA$_{CPAD}$, do RWA$_{OPAD}$, e do RWA$_{MPAD}$. Logo, a instituição teria apurado um montante de R$ 1.362.000,00 de RWA. Devemos lembrar que, quanto maior for esse valor, maior será a necessidade de capital prudencial.

Com a obtenção desses últimos dados, é possível apurar o Índice Basileia.

$$IB = \frac{PR}{RWA} \rightarrow \frac{185.000}{1.362.000} = 0{,}1358 \rightarrow 13{,}58\%$$

Perceba que o banco apresentou um Índice de Basileia de 13,58%, valor aderente às previsões legais vigentes no contexto brasileiro, inclusive para constituição dos *buffers*.

Exercício Resolvido

1. **Em 31 de janeiro, o banco Mitiga contava com um patrimônio de referência de R$ 10.000.000,00. Nesse mesmo período, a instituição evidenciou a seguinte carteira de ativos, com seus respectivos fatores de risco:**

Fator de ponderação de risco	Valor total dos ativos
2%	5.000.000
20%	20.000.000
35%	50.000.000
100%	30.000.000
Total	100.000.00

2. **Considerando que o RWA$_{OPAD}$ foi de R$ 500.000,00 e o RWA$_{MPAD}$ de R$ 1.000.000,00, calcule o *buffer* contracíclico (1,5% para a situação econômica vivenciada) e o *buffer* de conservação (2,5%).**

Os *buffers* são calculados segundo os ativos ponderados pelo risco. Nesse caso, há um RWA de R$ 101.500.000,00, o que resulta em um *buffer* contracíclico de R$ 1.525.500,00 e um *buffer* de conservação de R$ 2.537.500,00.

Perguntas & respostas

1. **O Acordo de Basileia II foi uma resposta à percepção de que o acordo formalizado até então já não era suficiente para o atingimento dos objetivos fixados. Qual foi a alteração proposta pelo comitê que representou uma inovação em relação ao acordo anteriormente vigente?**

   A maior novidade apresentada no novo acordo foi a adequação do capital regulatório a três pilares: 1) exigência mínima de capital; 2) processo de revisão de supervisão; e 3) disciplina de mercado.

2. **Em 2012, o BIS publicou a última versão de um documento que trata dos princípios considerados fundamentais para a realização de uma supervisão bancária eficaz. Esses padrões devem ser verificados pelas instituições nacionais incumbidas de supervisionar a atuação dos bancos no país. Quais seriam**

quatro dos princípios contidos no grupo "poderes de supervisão, responsabilidade e funções"?

Nesse grupo de segmentação proposto pelo BIS, há 13 princípios, entre os quais podemos citar: poderes corretivos e sancionatórios dos supervisores; técnicas e ferramentas de supervisão; transferência significativa de propriedade; e principais aquisições.

3. **Uma das inovações promovidas pelo Acordo de Basileia III foi a introdução dos *buffers* de capital, que passaram a ser exigidos a partir de 2015. Com base nessa informação, quais foram os propósitos e percentuais dessa nova reserva de capital?**

Os *buffers* de capital foram constituídos para fazer frente a momentos de maior dificuldade. Esses *buffers* são segmentados em duas partes: *buffer* de conservação e *buffer* contracíclico. O percentual estabelecido pelo comitê para compor esse *buffer* de conservação foi de 2,5%. Por sua vez, o *buffer* contracíclico pode variar de 0% a 2,5%, dependendo do volume de expansão do crédito em uma economia.

Para saber mais

Artigo

Os autores deste artigo apresentam uma visão crítica do Acordo de Basileia III, considerando que as medidas propostas são tímidas e insuficientes para inovar de maneira substancial os acordos precedentes.

LEITE, K. V. B. S.; REIS, M. O Acordo de Capitais de Basileia III: mais do mesmo? **Revista Economia**, v. 14, n. 1A, p. 159-187, jan./abr. 2013. Disponível em: <http://www.anpec.org.br/revista/vol14/vol14n1p159_187.pdf>. Acesso em: 13 ago. 2020.

Filme

Este filme relata o drama do banco Lehman Brothers diante da crise econômica de 2008. No longa-metragem, é possível notar as intervenções governamentais no setor bancário, bem como as repercussões causadas pelo pedido de concordata dessa instituição financeira.

GRANDE demais para quebrar. Direção: Curtis Hanson. EUA: HBO, 2011. 98 min.

Sites

Acesse a página indicada a seguir para conhecer mais sobre o Comitê de Estabilidade Financeira.

BCB – Banco Central do Brasil. **Comitê de Estabilidade Financeira (Comef)**. Disponível em: <https://www.bcb.gov.br/acessoinformacao/comef>. Acesso em: 13 ago. 2020.

Conheça na íntegra os 29 princípios elencados pelo BIS.

BCBS – Basel Committee on Banking Supervision. Core Principles for Effective Banking Supervision. **Bank for International Settlements**, 2012. Disponível em: <https://www.bis.org/publ/bcbs230.pdf>. Acesso em: 13 ago. 2020.

Síntese

Neste último capítulo, versamos sobre os acordos internacionais de regulamentação bancária formalizados no âmbito da Basileia. Para tanto, inicialmente expusemos elementos históricos sobre a inserção desses acordos no contexto bancário. Em seguida, arrolamos os princípios da regulamentação bancária inscritos no Acordo da Basileia II. Também apontamos as principais características e inovações implantadas na regulamentação por meio do Acordo de Basileia III, bem como a inserção deste no ordenamento jurídico brasileiro. Ao fim, descrevemos a metodologia de apuração do capital mínimo exigido para que as instituições estejam adequadas ao índice da Basileia.

Com base nesse conteúdo, você teve a possibilidade de entender as implicações dos mencionados acordos no ambiente bancário, bem como o surgimento deles no contexto econômico nacional e internacional.

Questões para revisão

1. (Cesgranrio – 2009 – BNDES) Um aspecto importante da regulação prudencial dos bancos, consagrado no Acordo de Basileia, de 1988, é

   a) controlar a composição dos passivos bancários, no sentido de diversificação das fontes de recursos.

   b) garantir a liquidez do sistema bancário, através de depósitos compulsórios no Banco Central.

   c) tornar o requisito mínimo de capital próprio proporcional ao risco ponderado das operações ativas dos bancos.

   d) separar claramente as funções financeiras e monetárias dos bancos comerciais.

   e) reduzir o risco das variações dos preços dos títulos através da eliminação das bolhas especulativas pelos Bancos Centrais.

2. (Cesgranrio – 2018 – Transpetro) Os diversos Acordos de Basileia (I, II, III), que começaram a ocorrer desde o estabelecimento do Comitê de Basileia para a Supervisão dos Bancos, visam à segurança do sistema bancário no mundo.

   Esses acordos determinam

   a) tetos de taxas de juros para alguns tipos de empréstimos bancários

   b) tetos de taxas de juros para os empréstimos interbancários

c) tamanho máximo para o total de operações de captação dos bancos
d) requisitos mínimos de reserva compulsória dos bancos recolhida aos respectivos bancos centrais
e) requisitos mínimos de capital próprio e de liquidez dos bancos, relativamente ao total e aos tipos de operações bancárias

3. (Cesgranrio – 2018 – Banco do Brasil) Com o objetivo de evitar crises financeiras, o Banco Central do Brasil tem adotado, nas últimas décadas, diversos mecanismos visando a compatibilizar as normas do Sistema Financeiro Nacional com os requisitos emanados dos chamados Acordos de Capital da Basileia, que estabelecem regras do Banco de Compensações Internacionais (BIS, na sigla em inglês) para assegurar a estabilidade financeira internacional. Desde o final da década de 1980, foram emitidos os Acordos da Basileia I (1988), Basileia II (2004) e Basileia III (2010).

No caso do Acordo da Basileia III, concebido após a crise financeira global de 2008, as normas introduzidas e já implementadas pelo Banco Central do Brasil foram ainda mais rígidas, porque

a) impuseram proibições aos bancos de transacionarem nos mercados de derivativos, altamente vulneráveis a especulações financeiras.
b) estabeleceram mecanismos de supervisão bancária prudencial e disciplina do mercado bancário.
c) fixaram exigências de capital para riscos de crédito e de mercado, bem como para risco operacional.
d) adotaram maiores exigências adicionais de capital principal, incluindo procedimentos para o cálculo da parcela dos ativos ponderados pelo risco referente às exposições ao risco de crédito.
e) estabeleceram mecanismos de supervisão do processo de avaliação da adequação de capital dos bancos.

4. As regras de capital prudencial introduzidas no âmbito da Basileia III representaram normas mais rígidas para os bancos, que passaram a ter que apresentar uma relação maior entre o capital e os ativos ponderados pelo risco. Nesse contexto, explique a razão pela qual o impacto dessa elevação não foi tão significativo para o Brasil, em comparação com outros países.

5. A adequabilidade do índice de Basileia dos bancos atuantes no Brasil aos padrões normativamente aceitos é uma das exigências do BCB. Com base nisso, considere que determinado banco apresentou as seguintes informações, em 31 de dezembro de 2017:

   - Patrimônio de referência nível 1: 25.000.000
   - Patrimônio de referência nível 2: 500.000
   - RWA_{CPAD}: 300.000.000
   - RWA_{OPAD}: 7.000.000
   - RWA_{MPAD}: 20.000.000

   Considerando unicamente essas informações, é possível inferir que esse banco dispõe de capital prudencial suficiente de acordo com os padrões da Basileia?

Questão para reflexão

1. O Acordo de Basileia foi um marco na regulamentação bancária internacional, gerando maior segurança para bancos, usuários e para a economia nacional. Dada essa relevância, o Brasil foi um dos signatários do acordo, inclusive implantando restrições mais rígidas do que as nele propostas. Imaginando uma hipótese oposta à nossa situação atual, em que houvesse um desprezo dos nossos legisladores pelas orientações dos Acordos de Basileia, qual seria um possível cenário para as instituições financeiras instaladas no Brasil?

Estudo de caso

Em novembro de 2018, o diretor Alberto dos Santos foi convidado a assumir os negócios do Banco Sertãozinho. A instituição, atuante no interior de São Paulo, tem perdido clientes aplicadores, que receiam que a organização apresente descontinuidade operacional. Os resultados obtidos no último semestre, embora positivos, também foram considerados insuficientes em comparação com outras entidades financeiras do mesmo porte. Se isso não bastasse, uma prévia dos números contábeis e financeiros apresentada ao Sr. Alberto evidencia insuficiência de capital prudencial, conforme destacado a seguir:

I. Patrimônio de referência

Conta contábil	Apuração
Capital Social	(+) 9.000.000
Reserva de capital	(+) 1.000.000
Contas de Resultado Credoras	(+) 6.500.000
Contas de Resultado Devedoras	(−) 6.000.000
Ajuste positivo a valor de mercado dos derivativos utilizados para *hedge* de caixa	(−) 1.000.000
Resultado do Patrimônio de Referência	(=) 9.500.000

II. Ativos ponderados pelo risco
- RWA_{CPAD}: R$ 79.500.000,00
- RWA_{OPAD}: R$ 1.000.000,00
- RWA_{MPAD}: R$ 3.000.000,00

III. Prévia do índice de Basileia, considerando a necessidade de constituição de 5% de *buffers* (2,5% de contracíclico e 2,5% de conservação).

Em face desse cenário, o Sr. Alberto ainda precisará decidir se aceitará formalizar um contrato com uma construtora para financiar R$ 20.000.000,00 destinados à construção de um prédio residencial. A operação foi classificada como AA, tendo como garantia a hipoteca do bem financiado mais outro imóvel pertencente à empresa, avaliado em R$ 10.000.000,00.

Com base nos aspectos normativos nacionais, bem como no conteúdo apresentado neste livro, exponha como o Sr. Alberto pode resolver os seguintes pontos:

a) Os cálculos realizados para apuração do índice de Basileia estão aderentes à norma?

b) O banco está desenquadrado do índice de Basileia III se considerados os *buffers* necessários?

c) Será possível conceder o empréstimo para a construtora?

Considerações finais

No decorrer desta obra, apresentamos os principais conceitos relativos à contabilidade das instituições financeiras. Para tanto, fizemos um breve apanhado sobre o Sistema Financeiro Nacional; demonstramos os procedimentos de escrituração patrimonial das operações de arrendamento mercantil, das operações de crédito, títulos e valores mobiliários, e das operações com derivativos; por último, descrevemos a metodologia de apuração do índice dos Acordos de Basileia.

Esperamos que esta obra tenha contribuído para sua formação, caro leitor; possibilitando o entendimento das especificidades da contabilidade das instituições financeiras de maneira conceitual e prática.

Salientamos que esta obra não esgota o assunto abordado. Normas contábeis advindas dos padrões internacionais estão adentrando o regramento normativo nacional, aperfeiçoando a maneira de se realizar a escrituração patrimonial, também no âmbito bancário. Dessa forma, não seria razoável considerar o assunto como se aqui estivesse findado; o que pretendíamos aqui era estimular a evolução do debate no âmbito literário. Esta obra é, enfim, um convite para o aprofundamento e o aperfeiçoamento dessa temática.

Lista de siglas

Abecs	Associação Brasileira das Empresas de Cartões de Crédito e Serviços
Abel	Associação Brasileira das Empresas de Leasing
AC	Ativo Circulante
AP	Ativo Permanente
APR	Ativos ponderados pelo risco
BCB	Banco Central do Brasil
BIS	Bank for International Settlements
BNH	Banco Nacional da Habitação
CA	Conta de Compensação do Ativo
CDB	Certificado de depósito bancário
CDC	Crédito direto ao consumidor
CDI	Certificado de depósito interbancário
Cetip	Central de Custódia e Liquidação Financeira de Títulos
CMN	Conselho Monetário Nacional

CNPC	Conselho Nacional de Previdência Complementar
CNSP	Conselho Nacional de Seguros Privados
Comef	Comitê de Estabilidade Financeira
Cosif	Plano Contábil das Instituições do Sistema Financeiro Nacional
CP	Conta de Compensação do Passivo
CPC	Comitê de Pronunciamentos Contábeis
CSLL	Contribuição Social sobre o Lucro Líquido
CVM	Comissão de Valores Mobiliários
DS	Despesa (conta de Despesa)
DSE	Direitos especiais de saque
FGTS	Fundo de Garantia por Tempo de Serviço
FPR	Fator de ponderação do risco
IFRS	International Financial Reporting Standards
IGP-M	Índice Geral de Preços do Mercado
INPC	Índice Nacional de Preços ao Consumidor
IOF	Imposto Sobre Operações Financeiras
IPCA	Índice Nacional de Preços ao Consumidor Amplo
IRPJ	Imposto de Renda Pessoa Jurídica
ISS	Imposto sobre Serviços
Lalur	Livro de Apuração do Lucro Real
LCR	Liquidity coverage ratio
LFT	Letras Financeiras do Tesouro
LTN	Letra do Tesouro Nacional
NSFR	Net stable funding ratio
NTN-B	Nota do Tesouro Nacional, série B
NTN-B Principal	Nota do Tesouro Nacional, série B Principal

NTN-F	Nota do Tesouro Nacional, série F
OECD	Organização para a Cooperação e Desenvolvimento Econômico
PC	Passivo Circulante
PCLD	Provisão para crédito de liquidação duvidosa
Petros	Fundação Petrobras de Seguridade Social
PGBL	Plano Gerador de Benefício Livre
PL	Patrimônio Líquido
PLE	Patrimônio Líquido Exigível
PR	Patrimônio de Referência
Previ	Caixa de Previdência dos Funcionários do Banco do Brasil
Previc	Superintendência Nacional de Previdência Complementar
RC	Receita (conta de Receita)
RDB	Recibo de depósito bancário
RWA	Ativo ponderado pelo risco
SAC	Sistema de amortização constante
SBPE	Sistema Brasileiro de Poupança e Empréstimo
Selic	Sistema Especial de Liquidação e Custódia
SFH	Sistema Financeiro de Habitação
SFN	Sistema Financeiro Nacional
Sicredi	Sistema de Crédito Cooperativo
Sumoc	Superintendência da Moeda e do Crédito
Susep	Superintendência de Seguros Privados
TR	Taxa referencial
TVM	Títulos e valores mobiliários
VGBL	Vida Gerador de Benefício Livre
VRG	Valor residual garantido

Referências

ABEL – Associação Brasileira das Empresas de Leasing. **Leasing**: informações do setor no contexto do crédito no Brasil. Abel, dez. 2017. Disponível em: <http://www.leasingabel.com.br/wp-content/uploads/2017/11/Informacoes-do-Setor-no-Contexto-do-Credito-no-Brasil_dez_2017.pdf>. Acesso em: 11 ago. 2020.

ABNT – Associação Brasileira de Normas Técnicas. **NBR-ISO 31000**: gestão de riscos – princípios e diretrizes. Rio de Janeiro, 2009.

ABREU, E.; SILVA, L. **Sistema financeiro nacional**. São Paulo: Método, 2017.

ASSAF NETO, A.; LIMA, F. G. **Fundamentos da administração financeira**. 3. ed. São Paulo, Atlas, 2017.

BCB – Banco Central do Brasil. Carta-Circular n. 2.899, de 1º de março de 2000. Disponível <https://www.bcb.gov.br/pre/normativos/busca/downloadNormativo.asp?arquivo=/Lists/Normativos/Attachments/47410/C_Circ_2899_v1_O.pdf>. Acesso em: 12 ago. 2020.

BCB – Banco Central do Brasil. Circular n. 1.273, de 29 de dezembro de 1987. Disponível em: <https://www.bcb.gov.br/pre/normativos/busca/downloadNormativo.asp?arquivo=/Lists/Normativos/Attachments/42321/Circ_1273_v1_O.pdf>. Acesso em: 11 ago. 2020.

BCB – Banco Central do Brasil. Circular n. 1.429, de 20 de janeiro de 1989. Disponível em: <https://www.bcb.gov.br/pre/normativos/circ/1989/pdf/circ_1429_v1_o.pdf>. Acesso em: 11 ago. 2020.

BCB – Banco Central do Brasil. Circular n. 2.106, de 23 de dezembro de 1991. Disponível em: <https://www.bcb.gov.br/pre/normativos/busca/downloadNormativo.asp?arquivo=/Lists/Normativos/Attachments/44090/Circ_2106_v1_O.pdf>. Acesso em: 12 ago. 2020.

BCB – Banco Central do Brasil. Circular n. 2.698, de 20 de junho de 1996a. Disponível em: <https://www.bcb.gov.br/pre/normativos/circ/1996/pdf/circ_2698_v1_O.pdf>. Acesso em: 10 ago. 2020.

BCB – Banco Central do Brasil. Circular n. 3.068, de 8 de novembro de 2001. Disponível em: <https://www.bcb.gov.br/pre/normativos/busca/downloadNormativo.asp?arquivo=/Lists/Normativos/Attachments/47022/Circ_3068_v4_P.pdf>. Acesso em: 13 ago. 2020.

BCB – Banco Central do Brasil. Circular n. 3.082, de 30 de janeiro de 2002a. Disponível em: <https://www.bcb.gov.br/pre/normativos/busca/downloadNormativo.asp?arquivo=/Lists/Normativos/Attachments/46969/Circ_3082_v4_P.pdf>. Acesso em: 13 ago. 2020.

BCB – Banco Central do Brasil. Circular n. 3.569, de 22 de dezembro de 2011a. Disponível em: <https://www.bcb.gov.br/pre/normativos/circ/2011/pdf/circ_3569_v5_P.pdf>. Acesso em: 13 ago. 2020.

BCB – Banco Central do Brasil. Circular n. 3.640, de 4 de março de 2013a. Disponível em: <https://www.bcb.gov.br/pre/normativos/circ/2013/pdf/circ_3640_v2_p.pdf>. Acesso em: 14 ago. 2020.

BCB – Banco Central do Brasil. Circular n. 3.644, de 4 de março de 2013b. Disponível em: <https://www.bcb.gov.br/pre/normativos/circ/2013/pdf/circ_3644_v2_P.pdf>. Acesso em: 14 ago. 2020.

BCB – Banco Central do Brasil. Comunicado n. 12.746, de 9 de dezembro de 2004a. Disponível em: <https://www.bcb.gov.br/estabilidadefinanceira/exibenormativo?tipo=Comunicado&numero=12746>. Acesso em: 14 ago. 2020.

BCB – Banco Central do Brasil. **Economia bancária e crédito**: avaliação de 5 anos do projeto juros e spread bancário. Brasília, 2004b. Disponível em: <https://www.bcb.gov.br/Pec/spread/port/economia_bancaria_e_credito.pdf>. Acesso em: 11 ago. 2020.

BCB – Banco Central do Brasil. **Entenda o juro**. Disponível em: <https://www.bcb.gov.br/cidadaniafinanceira/entendajuro>. Acesso em: 11 ago. 2020a.

BCB – Banco Central do Brasil. **IF.data**. Disponível em: <https://www3.bcb.gov.br/ifdata/>. Acesso em: 12 ago. 2020b.

BCB – Banco Central do Brasil. **O caminho do dinheiro**. Disponível em: <https://www.bcb.gov.br/cedulasemoedas/caminhododinheiro>. Acesso em: 10 ago. 2020c.

BCB – Banco Central do Brasil. **Recolhimentos compulsórios**: quadro resumo. Disponível em: <https://dadosabertos.bcb.gov.br/dataset/recolhimentos-compulsorios-quadro-resumo>. Acesso em: 12 ago. 2020d.

BCB – Banco Central do Brasil. **Relatório de economia bancária**. Brasília, 2017a. Disponível em: <https://www.bcb.gov.br/pec/depep/spread/REB_2017.pdf>. Acesso em: 11 ago. 2020.

BCB – Banco Central do Brasil. Resolução n. 494, de 19 de outubro de 1978. Disponível em <https://www.bcb.gov.br/pre/normativos/busca/downloadNormativo.asp?arquivo=/Lists/Normativos/Attachments/40640/Res_0494_v1_O.pdf>. Acesso em: 12 ago. 2020.

BCB – Banco Central do Brasil. Resolução n. 2.099, de 17 de agosto de 1994. Disponível em: <https://www.bcb.gov.br/pre/normativos/res/1994/pdf/res_2099_v1_O.pdf>. Acesso em: 10 ago. 2020.

BCB – Banco Central do Brasil. Resolução n. 2.309, de 28 de agosto de 1996b. Disponível em: <https://www.bcb.gov.br/pre/normativos/res/1996/pdf/res_2309_v2_L.pdf>. Acesso em: 11 ago. 2020.

BCB – Banco Central do Brasil. Resolução n. 2.682, de 21 de dezembro de 1999. Disponível em: <https://www.bcb.gov.br/pre/normativos/res/1999/pdf/res_2682_v2_L.pdf>. Acesso em: 12 ago. 2020.

BCB – Banco Central do Brasil. Resolução n. 2.933, de 28 de fevereiro de 2002b. Disponível em: <http://www.leasingabel.com.br/wp-content/uploads/2017/05/RESOLUCAO-No-2.933.pdf>. Acesso em: 13 ago. 2020.

BCB – Banco Central do Brasil. Resolução n. 3.932, de 16 de dezembro de 2010. **Diário Oficial da União**, Brasília, DF, 17 dez. 2010. Disponível em: <https://www.bcb.gov.br/pre/normativos/res/2010/pdf/res_3932_v3_l.pdf>. Acesso em: 12 ago. 2020.

BCB – Banco Central do Brasil. Resolução n. 4.019, de 29 de setembro de 2011b. Disponível em: <https://www.bcb.gov.br/pre/normativos/busca/downloadNormativo.asp?arquivo=/Lists/Normativos/Attachments/49318/Res_4019_v1_O.pdf>. Acesso em: 14 ago. 2020.

BCB – Banco Central do Brasil. Resolução n. 4.090, de 24 de maio de 2012. **Diário Oficial da União**, Brasília, DF, 28 maio 2012. Disponível em: <https://www.bcb.gov.br/pre/normativos/res/2012/pdf/res_4090_v1_O.pdf>. Acesso em: 11 ago. 2020.

BCB – Banco Central do Brasil. Resolução n. 4.192, de 1 de março de 2013. **Diário Oficial da União**, Brasília, DF, 5 mar. 2013c. Disponível em: <https://www.bcb.gov.br/pre/normativos/res/2013/pdf/res_4192_v2_P.pdf>. Acesso em: 14 ago. 2020.

BCB – Banco Central do Brasil. Resolução n. 4.193, de 1 de março de 2013. **Diário Oficial da União**, Brasília, DF, 5 mar. 2013d. Disponível em: <https://www.bcb.gov.br/pre/normativos/busca/downloadNormativo.asp?arquivo=/Lists/Normativos/Attachments/49006/Res_4193_v1_O.pdf>. Acesso em: 14 ago. 2020.

BCB – Banco Central do Brasil. Resolução n. 4.557, de 23 de fevereiro de 2017. **Diário Oficial da União**, Brasília, DF, 1 mar. 2017b. Disponível em: <https://www.bcb.gov.br/pre/normativos/busca/downloadNormativo.asp?arquivo=/Lists/Normativos/Attachments/50344/Res_4557_v1_O.pdf>. Acesso em: 11 ago. 2020.

BCB – Banco Central do Brasil. Resolução n. 4.662, de 25 de maio de 2018. **Diário Oficial da União,** 28 maio 2018. Disponível em: <https://www.bcb.gov.br/pre/normativos/busca/downloadNormativo.asp?arquivo=/Lists/Normativos/Attachments/50599/Res_4662_v1_O.pdf>. Acesso em: 14 ago. 2020.

BCB – Banco Central do Brasil. **Sistema Gerenciador de Séries Temporais:** v. 2.1. Disponível em: <https://www3.bcb.gov.br/sgspub/consultarvalores/consultarValoresSeries.do?method=consultarGraficoPorId&hdOidSeriesSelecionadas=20786>. Acesso em: 11 ago. 2020e.

BCB – Banco Central do Brasil. **Taxa de juros.** Disponível em: <https://www.bcb.gov.br/estatisticas/txjuros>. Acesso em: 12 ago. 2020f.

BCBS – Basel Committee on Banking Supervision. **Basel III**: a Global Regulatory Framework for More Resilient Banks and Banking Systems. Bank for International Settlements, June 2011. Disponível em: <https://www.bis.org/publ/bcbs189.pdf>. Acesso em: 14 ago. 2020.

BCBS – Basel Committee on Banking Supervision. **Basel III**: the Net Stable Funding Ratio. Bank for International Settlements, Oct. 2014. Disponível em: <https://www.bis.org/bcbs/publ/d295.pdf>. Acesso em: 14 ago. 2020.

BCBS – Basel Committee on Banking Supervision. **Core Principles for Effective Banking Supervision**. Bank for International Settlements, Sept. 2012. Disponível em: <https://www.bis.org/publ/bcbs230.pdf>. Acesso em: 14 ago. 2020.

BCBS – Basel Committee on Banking Supervision. **International Convergence of Capital Measurement and Capital Standards**. Basel, July 1988. Disponível em: <https://www.bis.org/publ/bcbs04a.pdf>. Acesso em: 14 ago. 2020.

BCBS – Basel Committee on Banking Supervision. **Operational** Risk: Supporting Document to the New Basel Capital Accord. Bank for International Settlements, Jan. 2001a. Disponível em: <https://www.bis.org/publ/bcbsca07.pdf>. Acesso em: 11 ago. 2020.

BCBS – Basel Committee on Banking Supervision. **Overview of the New Basel Capital Accord**. Bank for International Settlements, Jan. 2001b. Disponível em: <https://www.bis.org/publ/bcbsca02.pdf>. Acesso em: 5 jun. 2020.

BCBS – Basel Committee on Banking Supervision; IOSCO – Technical Committee of the International Organization of Securities Commissions. **Survey of Disclosures about Trading and Derivatives Activities of Banks and Securities Firms 1996**. Bank for International Settlements, Nov. 1997. Disponível em: <https://www.bis.org/publ/bcbs32.pdf>. Acesso em: 14 ago. 2020.

BERNSTEIN, P. L. **Desafio aos deuses**: a fascinante história do risco. 3. ed. Rio de Janeiro: Campus, 1997.

BIS – Bank for International Settlements. **64th Annual Report**. Basel, 13 June 1994. Disponível em: <https://www.bis.org/publ/arpdf/archive/ar1994_en.pdf>. Acesso em: 11 ago. 2020.

BRASIL. Circular n. 3.927, de 11 de fevereiro de 2019. **Diário Oficial da União**, Poder Executivo, Brasília, DF, 13 fev. 2019. Disponível em: <http://www.in.gov.br/materia/-/asset_publisher/Kujrw0TZC2Mb/content/id/63169849>. Acesso em: 13 ago. 2020.

BRASIL. Constituição (1988). **Diário Oficial da União**, Brasília, DF, 5 out. 1988. Disponível em: <http://www.planalto.gov.br/ccivil_03/constituicao/constituicao.htm>. Acesso em: 10 ago. 2020.

BRASIL. Decreto n. 2.723, de 12 de janeiro de 1861. In: BRASIL. **Collecção das leis do império do Brasil**. Rio de Janeiro: Typographia Nacional, 1861. Disponível em: <http://bd.camara.gov.br/bd/bitstream/handle/bdcamara/18476/colleccao_leis_1861_parte2.pdf?sequence=2>. Acesso em: 12 ago. 2020.

BRASIL. Decreto n. 6.306, de 14 de dezembro de 2007. **Diário Oficial da União**, Poder Executivo, Brasília, DF, 17 dez. 2007. Disponível em: <http://www.planalto.gov.br/ccivil_03/_Ato2007-2010/2007/Decreto/D6306.htm>. Acesso em: 11 ago. 2020.

BRASIL. Decreto n. 9.580, de 22 de novembro de 2018. **Diário Oficial da União**, Poder Executivo, Brasília, DF, 23 nov. 2018. Disponível em: <http://www.planalto.gov.br/ccivil_03/_ato2015-2018/2018/decreto/D9580.htm>. Acesso em: 11 ago. 2020.

BRASIL. Decreto-Lei n. 73, de 21 de novembro de 1966. **Diário Oficial da União**, Poder Executivo, Brasília, DF, 22 nov. 1966. Disponível em: <http://www.planalto.gov.br/ccivil_03/Decreto-Lei/Del0073.htm>. Acesso em: 10 ago. 2020.

BRASIL. Lei Complementar n. 116, de 31 de julho de 2003. **Diário Oficial da União**, Poder Legislativo, Brasília, DF, 1 ago. 2003. Disponível em: <http://www.planalto.gov.br/ccivil_03/leis/lcp/lcp116.htm>. Acesso em: 10 ago. 2020.

BRASIL. Lei Complementar n. 157, de 29 de dezembro de 2016. **Diário Oficial da União**, Poder Legislativo, Brasília, DF, 1 jun. 2017. Disponível em: <http://www.in.gov.br/materia/-/asset_publisher/Kujrw0TZC2Mb/content/id/19088207/do1-2017-06-01-lei-complementar-no-157-de-29-de-dezembro-de-2016-19088010>. Acesso em: 11 ago. 2020.

BRASIL. Lei n. 4.357, de 16 de julho de 1964. **Diário Oficial da União**, Poder Legislativo, Brasília, DF, 17 jul. 1964a. Disponível em: <http://www.planalto.gov.br/ccivil_03/LEIS/L4357.htm>. Acesso em: 10 ago. 2020.

BRASIL. Lei n. 4.380, de 21 de agosto de 1964. **Diário Oficial da União**, Poder Legislativo, Brasília, DF, 11 set. 1964b. Disponível em: <http://www.planalto.gov.br/ccivil_03/leis/l4380.htm>. Acesso em: 10 ago. 2020.

BRASIL. Lei n. 4.595, de 31 de dezembro de 1964. **Diário Oficial da União**, Poder Executivo, Brasília, DF, 31 dez. 1964c. Disponível em: <http://www.planalto.gov.br/ccivil_03/leis/L4595.htm>. Acesso em: 10 ago. 2020.

BRASIL. Lei n. 4.728, de 14 de julho de 1965. **Diário Oficial da União**, Poder Executivo, Brasília, DF, 16 jul. 1965. Disponível em: <http://www.planalto.gov.br/ccivil_03/LEIS/L4728.htm>. Acesso em: 10 ago. 2020.

BRASIL. Lei n. 6.099, de 12 de setembro de 1974. **Diário Oficial da União**, Poder Executivo, Brasília, DF, 13 set. 1974. Disponível em: <http://www.planalto.gov.br/ccivil_03/leis/L6099.htm>. Acesso em: 11 ago. 2020.

BRASIL. Lei n. 6.385, de 7 de dezembro de 1976. **Diário Oficial da União**, Poder Executivo, Brasília, DF, 9 dez. 1976. Disponível em: <http://www.planalto.gov.br/ccivil_03/leis/l6385.htm>. Acesso em: 10 ago. 2020.

BRASIL. Lei n. 7.132, de 26 de outubro de 1983. **Diário Oficial da União**, Poder Executivo, Brasília, DF, 27 out. 1983. Disponível em: <http://www.planalto.gov.br/ccivil_03/LEIS/L7132.htm>. Acesso em: 11 ago. 2020.

BRASIL. Lei n. 8.177, de 1 de março de 1991. **Diário Oficial da União**, Poder Executivo, Brasília, DF, 4 mar. 1991. Disponível em: <http://www.planalto.gov.br/ccivil_03/LEIS/L8177.htm>. Acesso em: 12 ago. 2020.

BRASIL. Lei n. 9.069, de 29 de junho de 1995. **Diário Oficial da União**, Poder Executivo, Brasília, DF, 30 jun. 1995. Disponível em: <http://www.planalto.gov.br/ccivil_03/LEIS/L9069.htm>. Acesso em: 10 ago. 2020.

BRASIL. Lei n. 10.303, de 31 de outubro de 2001. **Diário Oficial da União**, Poder Legislativo, Brasília, DF, 1 nov. 2001. Disponível em: <http://www.planalto.gov.br/ccivil_03/LEIS/LEIS_2001/L10303.htm>. Acesso em: 10 ago. 2020.

BRASIL. Lei n. 12.154, de 23 de dezembro de 2009. **Diário Oficial da União**, Poder Executivo, Brasília, DF, 23 dez. 2009. Disponível em: <http://www.planalto.gov.br/ccivil_03/_Ato2007-2010/2009/Lei/L12154.htm>. Acesso em: 10 ago. 2020.

BRASIL. Lei n. 12.973, de 13 de maio de 2014. **Diário Oficial da União**, Poder Executivo, Brasília, DF, 14 maio 2014. Disponível em: <http://www.planalto.gov.br/ccivil_03/_ato2011-2014/2014/lei/l12973.htm>. Acesso em: 11 ago. 2020.

BRASIL. Medida Provisória n. 567, de 3 de maio de 2012. **Diário Oficial da União**, Poder Executivo, Brasília, DF, 3 maio 2012. Disponível em: <http://www.planalto.gov.br/ccivil_03/_Ato2011-2014/2012/Mpv/567.htm>. Acesso em: 12 ago. 2020.

BRASIL. Medida Provisória 1.637-5, de 28 de maio de 1998. **Diário Oficial da União**, Poder Executivo, Brasília, DF, 29 maio 1998. Disponível em: <https://www2.camara.leg.br/legin/fed/medpro/1998/medidaprovisoria-1637-5-28-maio-1998-357685-publicacaooriginal-1-pe.html>. Acesso em: 13 ago. 2020.

BRASIL. Portaria n. 140, de 27 de julho de 1984. **Diário Oficial da União**, Poder Executivo, Brasília, DF, 30 jul. 1984. Disponível em: <http://www.leasingabel.com.br/wp-content/uploads/2017/05/Portaria-MF-no-140-de-27-de-julho-de-1984.pdf>. Acesso em: 11 ago. 2020.

BRASIL. Ministério da Fazenda. Superintendência de Seguros Privados. Circular Susep n. 365, de 27 de maio de 2008. **Diário Oficial da União**, Brasília, DF, 28 maio 2008. Disponível em: <http://www.cvg.org.br/adm/Legislacao/Circulares/CircSUSEP_365-08_TitCapitalizacao.pdf>. Acesso em: 11 ago. 2020.

CARUANA, J. Macroprudential Policy: What We Have Learned and Where We Are Going. In: FINANCIAL STABILITY CONFERENCE OF THE INTERNATIONAL JOURNAL OF CENTRAL BANKING, 2., 17 June 2010, Madrid. Disponível em: <https://www.bis.org/speeches/sp100618a.pdf>. Acesso em: 14 ago. 2020.

CARVALHO, F. Inovação financeira e regulação prudencial: da regulação da liquidez aos Acordos da Basileia. In: SOBREIRA, R. **Regulação financeira e bancária**. São Paulo: Atlas, 2005. p. 121-139.

CASTRO, L. de B. Regulação financeira: discutindo os Acordos da Basileia. **Revista do BNDES**, v. 14, n. 28, p. 277-304, dez. 2007. Disponível em: <https://web.bndes.gov.br/bib/jspui/handle/1408/12140>. Acesso em: 14 ago. 2020.

COSIF – Plano Contábil das Instituições do Sistema Financeiro Nacional. **Manual de normas do Sistema Financeiro**. Brasília, BCB. Disponível em: <https://www3.bcb.gov.br/aplica/cosif/completo>. Acesso em: 11 ago. 2020.

COZENDEY, C. M. B. **Instituições de Bretton Woods**: desenvolvimento e implicações para o Brasil. Brasília: Funag, 2013. Disponível em: <http://funag.gov.br/loja/download/1079-instituicoes-de-bretton-woods.pdf>. Acesso em: 10 ago. 2020.

CPC – Comitê de Pronunciamentos Contábeis. **Pronunciamento Técnico CPC 06 (R2)**: arrendamentos. Brasília, 21 dez. 2017. Disponível em: <http://static.cpc.aatb.com.br/Documentos/533_CPC_06_R2_rev%2016.pdf>. Acesso em: 11 ago. 2020.

DI AGUSTINI, C. A. **Leasing**. São Paulo: Atlas, 1995.

EVANGELISTA, T. F.; ARAÚJO, E. C. de. A eficácia do crédito como canal de transmissão da política monetária no Brasil: estratégia de identificação da oferta e demanda de crédito. **Revista de Economia Contemporânea**, v. 22, n. 2, p. 1-27, maio/ago. 2018. Disponível em: <https://www.scielo.br/pdf/rec/v22n2/1415-9848-rec-22-02-e182224.pdf>. Acesso em: 12 ago. 2020.

FARIAS, A. R. de; ORNELAS, J. R. H. **Finanças e Sistema Financeiro Nacional para concursos.** São Paulo: Atlas, 2015.

GELBCKE, E. R. et al. **Manual de contabilidade societária.** 3. ed. São Paulo: Atlas, 2018.

HASTINGS, D. F. **Banking**: gestão de ativos, passivos e resultados em instituições financeiras. São Paulo: Saraiva, 2006.

IASB – International Accounting Standards Board; FASB – Financial Accounting Standards Board. **IFRS 16 Leases**. London, Jan. 2016. Disponível em: <ifrs.org/-/media/project/leases/ifrs/published-documents/ifrs16-effects-analysis.pdf>. Acesso em: 12 ago. 2020.

IUDÍCIBUS, S. de. **Teoria da contabilidade.** 8. ed. São Paulo: Atlas, 2006.

IUDÍCIBUS, S. de. et al. **Manual de contabilidade societária.** São Paulo: Atlas, 2010.

LEITE, K. V. B. S.; REIS, M. O Acordo de Capitais de Basileia III: mais do mesmo? **EconomiA**, Brasília, v. 14, n. 1A, p. 159-187, jan./abr. 2013. Disponível em: <http://www.anpec.org.br/revista/vol14/vol14n1p159_187.pdf>. Acesso em: 13 ago. 2020.

NIYAMA, J. K.; GOMES, A. L. O. **Contabilidade de instituições financeiras.** 2. ed. São Paulo: Atlas, 2012.

MATIAS-PEREIRA, J. Os reflexos do Acordo de Basileia II no Sistema Financeiro Mundial. **Revista Contábil & Empresarial Fiscolegis**, set. 2006. Disponível em: <https://repositorio.unb.br/bitstream/10482/1010/1/ARTIGO_ReflexoAcordoBasileia.pdf>. Acesso em: 14 ago. 2020.

ROSS, S. A. et al. **Administração financeira.** 10. ed. Porto Alegre: AMGH, 2015.

ROSS, S. A.; WESTERFIELD, R. W.; JAFFE, J. F. **Administração financeira**: corporate finance. 1. ed. São Paulo: Atlas, 1995.

SANTOS, A. L. C. et al. Efeitos de mudanças regulatórias no microcrédito no desempenho financeiro e social de cooperativas de crédito brasileiras. **Revista Contabilidade & Finanças**, v. 30, n. 81, p. 338-351, set./dez. 2019. Disponível em: <https://www.scielo.br/pdf/rcf/v30n81/pt_1808-057X-rcf-1808-057x201807590.pdf>. Acesso em: 12 ago. 2020.

SILVA, M. S. da; DIVINO, J. A. Determinantes do capital excedente na indústria bancária brasileira. **Pesquisa e Planejamento Econômico**, v. 42, n. 2, p. 261-293, ago. 2012. Disponível em: <https://ppe.ipea.gov.br/index.php/ppe/article/viewFile/1307/1118>. Acesso em: 14 ago. 2020.

TESOURO DIRETO. **Conheça todos os títulos do Tesouro Direto**. Disponível em: <https://www.tesourodireto.com.br/titulos/tipos-de-tesouro.htm>. Acesso em: 13 ago. 2020.

TONIOLO, G. **Central Bank Cooperation at the Bank for International Settlements, 1930-1973**. New York: Cambridge University Press, 2005.

VERSIGNASSI, A. Como Naji Nahas fez a bolsa subir 2.000% – e quebrou o mercado no dia seguinte. **SuperInteressante**, 7 ago. 2014. Disponível em: <https://super.abril.com.br/blog/alexandre-versignassi/como-naji-nahas-fez-a-bolsa-subir-2-000-e-quebrou-o-mercado-no-dia-seguinte/>. Acesso em: 11 ago. 2020.

VOLUME transacionado com cartões cresce 12,6% em 2017 a R$ 1,36 tri, diz Abecs. **Jornal do Comércio**, Porto Alegre, 13 mar. 2018. Disponível em: <https://www.jornaldocomercio.com/_conteudo/2018/03/economia/616128-volume-transacionado-com-cartoes-cresce-12-6-em-2017-a-r-1-36-tri-diz-abecs.html>. Acesso em: 11 ago. 2020.

WERDIGIER, J.; ANDERSON, J. Merrill Lynch Facing a $15 Billion Write-Down from Soured Investments. **The New York Times**, 11 Jan. 2008. Disponível em: <https://www.nytimes.com/2008/01/11/business/worldbusiness/11iht-merrill.4.9158486.html>. Acesso em: 11 ago. 2020.

Apêndice

Tabela A – Discriminação dos valores lançados a título de juros e capital

	Prestações	Saldo devedor	Parcela	Juros	Capital
	0	100000,00			
	1	97794,64	3205,36	1000,00	2205,36
	2	95567,23	3205,36	977,95	2227,41
	3	93317,54	3205,36	955,67	2249,69
	4	91045,35	3205,36	933,18	2272,18
	5	88750,45	3205,36	910,45	2294,91
	6	86432,59	3205,36	887,50	2317,86
	7	84091,56	3205,36	864,33	2341,03
	8	81727,11	3205,36	840,92	2364,44
	9	79339,02	3205,36	817,27	2388,09
Curto prazo	10	76927,05	3205,36	793,39	2411,97
	11	74490,97	3205,36	769,27	2436,09
	12	72030,52	3205,36	744,91	2460,45

(continua)

(Tabela A – conclusão)

Prestações		Saldo devedor	Parcela	Juros	Capital
	13	69545,46	3205,36	720,31	2485,05
	14	67035,55	3205,36	695,45	2509,91
	15	64500,55	3205,36	670,36	2535,00
	16	61940,20	3205,36	645,01	2560,35
	17	59354,24	3205,36	619,40	2585,96
	18	56742,42	3205,36	593,54	2611,82
	19	54104,48	3205,36	567,42	2637,94
	20	51440,17	3205,36	541,04	2664,32
	21	48749,21	3205,36	514,40	2690,96
	22	46031,35	3205,36	487,50	2717,86
	23	43286,30	3205,36	460,31	2745,05
	24	40513,81	3205,36	432,86	2772,50
	25	37713,59	3205,36	405,14	2800,22
	26	34885,36	3205,36	377,14	2828,22
	27	32028,86	3205,36	348,85	2856,51
	28	29143,78	3205,36	320,29	2885,07
	29	26229,86	3205,36	291,44	2913,92
	30	23286,80	3205,36	262,30	2943,06
	31	20314,31	3205,36	232,87	2972,49
	32	17312,09	3205,36	203,14	3002,22
	33	14279,85	3205,36	173,12	3032,24
Longo prazo	34	11217,30	3205,36	142,81	3062,55
	35	8124,12	3205,36	112,17	3093,19
	36	0,00	8205,36	81,24	8124,12

Tabela B – Descrição das parcelas em um contrato de empréstimo

Prestações	Saldo devedor	Parcela	Juros	Capital
0	100000,00			
1	90000,00	11000,00	1000,00	10000,00
2	80000,00	10900,00	900,00	10000,00
3	70000,00	10800,00	800,00	10000,00
4	60000,00	10700,00	700,00	10000,00
5	50000,00	10600,00	600,00	10000,00
6	40000,00	10500,00	500,00	10000,00
7	30000,00	10400,00	400,00	10000,00
8	20000,00	10300,00	300,00	10000,00
9	10000,00	10200,00	200,00	10000,00
10	0,00	10100,00	100,00	10000,00

Respostas

Capítulo 1

1. c
   O CMN representa o órgão máximo do SFN, com atribuições normativas cujo intuito é regular, disciplinar o SFN.
2. O Copom tem como objetivo o direcionamento das políticas monetárias do país, bem como a definição da taxa básica de juros. Essas funções têm a potencialidade de influenciar o ambiente macroeconômico nacional, principalmente no que concerne à inflação e ao consumo.
3. a
   A única alternativa que apresenta somente atribuições do Banco Central é a "a"; as demais mesclam atribuições do BCB e de outros órgãos do SFN.
4. d
   A sequência apresentada corresponde corretamente à ordem dos conceitos de risco e respectivas definições.

5. São contas empregadas para o registro de atos administrativos que apresentem a potencialidade de transformar-se em direito, ganho, obrigação ou risco.

Capítulo 2

1. d

   Por vezes, o que se considera despesa na contabilidade não coincide com as regras do Regulamento do Imposto de Renda. Se tomado somente o efeito fiscal, obtém-se uma despesa igual ao valor da contraprestação.

   Para resolver a questão, calcula-se a depreciação e as despesas financeiras:

   Depreciação = (Valor presente − Valor residua/ 96
   (1000000 − 232000)/99 = 8000

   Despesa financeira = saldo do passivo × taxa de juros
   1000000 × 1,8% = 18.000

2. b

   i. Correto.

   ii. Essa característica é do *leasing* financeiro.

   iii. Depende da essência, e não da forma.

   iv. Correto.

3. c

   Em consonância com o disposto no CPC 06 (R2), a arrendatária deve reconhecer o ativo pelo valor presente das contraprestações.

4. Nesse caso, há uma superveniência de depreciação (Valor contábil < Valor presente). A instituição financeira deve lançar a diferença do valor na conta de Rendas de Arrendamento, aumentando os Ativos, conforme segue:

   D − 697,00 − Superveniência de Depreciação (Ativo Permanente)

   C − 697,00 − Rendas de Arrendamento Financeiro (Receita).

5. A arrendatária terá benefícios como:
    - A contraprestação paga será considerada uma despesa operacional, deduzindo-se a base de cálculo do IR e CSLL (empresas tributadas pelo lucro real);
    - Não há incidência de IOF.

Capítulo 3

1. c

    A liberação de uma operação de crédito gera, no balanço patrimonial do banco concedente, uma elevação do Ativo (Empréstimos) e do Passivo (Depósito Bancário). As demais alternativas citam uma movimentação não condizente com a concessão do crédito.

2. De acordo com a carteira de crédito apresentada, o banco deve reconhecer uma despesa com PCLD no montante de R$ 98.000,00.

    Lançamento patrimonial:

    D – Despesas de Provisões Operacionais

    C – Provisão para Operação de Crédito

3. b

    Uma renegociação pode ensejar a reclassificação do risco, desde que ocorra amortização. Portanto, deve ser mantida a classificação de risco da operação X, pois não ocorreu amortização, mas pode ser reclassificada a operação Y.

4. Em consideração ao disposto na Lei n. 4.595/1964, o banco pode orientar os seus clientes a direcionar os montantes financeiros para modalidades de aplicações que exijam um percentual inferior. Por exemplo, poderia instruir os clientes a retirarem os valores disponíveis no depósito à vista (exigência de 25%) para uma aplicação em poupança (exigência de 20%).

5. c

As operações de câmbio, conforme mencionado na alternativa "c", envolvem a utilização de cartão internacional, bem como dos vales postais. Diante dessas opções, seria possível trocar uma moeda nacional por uma estrangeira.

Capítulo 4

1. As aplicações em títulos e valores mobiliários realizadas pelos bancos podem ter as seguintes pretensões: rentabilidade; diversificação de destinação dos ativos; e proteção dos ativos contra riscos de crédito. Todas essas finalidades podem estar presentes em um único aporte financeiro.
2. c

Conforme disposto na Circular BCB n. 3.068/2001, a valorização ou a desvalorização de um ativo classificado como Para Negociação deve ser lançada, respectivamente, nas contas de Receita e Despesa no resultado, ou seja, não deve ser lançada em contas A Apropriar.
3. c

Para esse tipo de transação, o banco necessita lançar um débito na conta TVM e um crédito na conta de receita Rendas de Títulos de Renda Fixa.
4. b

Apuração do valor a ser reconhecido no resultado.

Título	Valor atual	Valor de mercado	Diferença
Ações da Cia A	300.000	100.000 × 3,20 = 320.000	20.000
Ações da Cia B	600.000	150.000 × 4,50 = 675.000	75.000
Ações da Cia C	500.000	200.000 × 2,00 = 400.000	-100.000
Ações da Cia D	320.000	80.000 × 4,00 = 320.000	0
Ações da Cia E	800.000	400.000 × 2,20 = 880.000	80.000

Somando as diferenças observadas entre o valor atual e o valor de mercado, obtém-se um montante de 75 mil, que, de acordo com os procedimentos adequados de escrituração patrimonial, deve ser lançado a débito no título (ativo) e a crédito na conta do patrimônio líquido.

5. As *operações compromissadas* são assim chamadas porque estabelecem que o vendedor (a parte que precisa de recursos financeiros) deve assumir o compromisso de recompra do título repassado para outra instituição.

Capítulo 5

1. a

   Os derivativos são caracterizados por terem um valor pequeno em relação ao ativo subjacente. Além disso, devem ser estabelecidos por um prazo determinado.

2. d

   Hedge de risco de mercado é empregado para compensar oscilações do valor de mercado futuro, inexistindo, assim, pretensão de ganho ou perda.

3. b

   A alternativa descreve algumas características presentes em um contrato de *swap*, usualmente empregado para troca de pagamentos periódicos ou fluxo de caixa.

4. De acordo com o parágrafo 3º do art. 1º da Resolução BCB n. 2.933/2002, são "contratos onde as partes negociam o risco de crédito de operações, sem implicar, no ato da contratação, a transferência do ativo subjacente às referidas operações".

5.

	Código da conta	Débito	Crédito
a. Venda opções			
Depósito Bancário	1.1.2.00.00-1	150	
Prêmio de Opções Lançadas	4.7.1.60.10-9		150
Contrato de Ações Ativos Financeiros	3.0.6.10.40-8	2.430	
Ações, Ativos Financeiros Contratados	9.0.6.10.00-8		2.430

Capítulo 6

1. c

    O Acordo de Basileia I criou a necessidade de capital mínimo, em razão dos ativos ponderados pelo risco.

2. e

    Os Acordos de Basileia propuseram o valor mínimo de capital próprio para enfrentar o risco das operações bancários. Não há menção de teto para taxa de juros, tamanho máximo de captação ou reserva compulsória mínima.

3. d

    O Acordo de Basileia III elevou o percentual de capital exigido com base nos ativos ponderados pelo risco.

4. O Brasil já adotava um patamar de 11% de capital prudencial, enquanto no âmbito da Basileia exigia-se somente 8%. Dessa forma, a elevação para 13% não foi tão expressiva quanto nos países que mantinham a sugestão do comitê da Basileia.

5. Com base nos dados expostos, a instituição apresenta um índice de Basileia de 7,79%, o que é considerado insuficiente. Além disso, ainda faltaria a constituição

dos *buffers*, vislumbrando proteger-se contra riscos em momentos de estresse econômico.

Estudo de caso

a) Considerando as normas para apuração do patrimônio de referência, o cálculo demonstra-se aderente.
b) Não estaria adequado. Há a necessidade de constituir 2,5% de *buffer* contracíclico. Dessa forma, o banco deveria apresentar um índice de Basileia de no mínimo 13%, o que não é observado no caso exemplificado.
c) Caso fosse constituído o empréstimo, haveria uma elevação nos ativos ponderados pelo risco. No caso elencado, seria verificada uma ponderação de 35% (operação amparada com o bem financiado mais uma garantia adicional de R$ 10.000.000,00). Nessa nova realidade, estaria configurada a seguinte situação:

RWA_{CPAD}: R$ 86.500.000,00 (79.500.000 constituídos anteriormente mais 7.000.000 da nova operação contratada)

RWA_{OPAD}: R$ 1.000.000,00

RWA_{MPAD}: R$ 3.000.000,00

O cálculo do índice de Basileia considerando a necessidade de constituição de 5% de *buffers* (2,5% contracíclico e (2,5% de conservação) é:

$$IB = \frac{PR}{RWA} \rightarrow \frac{9.500.000}{90.500.000} = 0,10497 \rightarrow 10,497\%$$

Note que há um agravamento do índice, que fica abaixo dos patamares exigidos. Portanto, o banco não deveria conceder o crédito bancário.

Sobre o autor

José Luis Modena é mestre em Contabilidade e Finanças pela Universidade Federal do Paraná (UFPR) e graduado em Contabilidade pela Universidade Estadual do Centro Oeste (Unicentro). Tem experiência no setor bancário, tendo desempenhado por mais de dez anos atribuições de negócio e de controle no Banco do Brasil S.A. Atualmente é contador da UFPR e professor de graduação do Centro Universitário Internacional Uninter.

Impressão:
Setembro/2020